全国高等医学院校临床见习系列规划教材

传染病学
临床见习指导

主　编　陈　伟　孟忠吉

副主编　谭华炳　柯昌征

编　委　(按姓氏拼音排序)

陈　伟　程　滢　杜卫星
段少琼　冯红萍　柯昌征
李　刚　李秀梅　林　勇
刘　波　刘彦威　马德强
孟忠吉　苏全武　谭华炳
王传敏　王晓伟　许春梅
叶颖剑　赵詹东　周天彤

科学出版社

北　京

内 容 简 介

本书为传染病学临床见习而设计，主要内容根据新形势下本地区的传染病特点而制定。采用专题见习和待查病例分析法相结合的形式。传染病中有很多疾病有共同的症状或体征，如发热、黄疸等。见习时可根据大纲要求，分为发热原因待查，黄疸原因待查等专题进行。每个专题见习时，通过病例示教或典型病案，引导学生抓住要点，拓宽思路，全面思考，得出正确诊断，进而掌握基本的诊断方法。

本书供相关专业临床见习使用，可有效培养和锻炼学生的综合分析与临床思维能力，与实际临床工作紧密结合，具有很强的实用性。

图书在版编目(CIP)数据

传染病学临床见习指导 / 陈伟，孟忠吉主编. –北京：科学出版社，2016.9
全国高等医学院校临床见习系列规划教材
ISBN 978-7-03-049803-8
Ⅰ. ①传… Ⅱ. ①陈… ②孟… Ⅲ. ①传染病学–实习–医学院校–教学参考资料 Ⅳ. ①R51-45

中国版本图书馆 CIP 数据核字(2016)第 206222 号

责任编辑：赵炜炜 李国红 / 责任校对：蒋 萍
责任印制：赵 博 / 封面设计：陈 敬

科 学 出 版 社出版
北京东黄城根北街 16 号
邮政编码：100717
http://www.sciencep.com
北京天宇星印刷厂印刷
科学出版社发行 各地新华书店经销
*
2016 年 9 月第 一 版 开本：787×960 1/32
2026 年 1 月第七次印刷 印张：3 1/8
字数：46 000

定价：15.00 元

全国高等医学院校临床见习系列规划教材

编写指导委员会

总 前 言

临床见习是医学教育的重要环节，是医学生由基础理论学习向临床实践过渡的桥梁，是培养和提高医学生运用所学理论进行逻辑思维及临床综合运用能力的重要途径。临床见习阶段，医学生在带教教师指导下，接触病人，结合病人病情，运用所学基本知识，开拓思维。通过临床见习培养学生的观察能力、分析能力和临床思维能力，为顺利进入毕业实习做好准备。

为提高临床医学生临床实习效果，丰富其专业理论知识，根据我校临床教学的实际情况，结合临床专业教学工作特点，特组织各学院医疗与教学一线骨干编写了这套临床见习系列教材，以期为医学生顺利完成实习任务，巩固课本知识，培养临床思维，提高综合技能水平提供帮助。

本套临床见习系列教材，涵盖了诊断学、医学影像学、内科学、外科学、麻醉学、妇产科学、儿科学、神经与精神病学、传染病学、眼科学、耳鼻咽喉头颈外科学、口腔科学、皮肤性病学、中医学 14 门临床医学专业内容；同时还编写了麻醉学专业、康复治疗学专业、护理学专业临床见习指导。

每册内容基本包括目的要求、预习内容、学时数、见习内容、思考题五部分。

本套丛书层次清晰，结构紧凑，内容衔接紧密，不失为医学生临床见习指导可选的一套优秀丛书。

由于时间仓促，一线医疗与教学骨干业务繁忙，内容难免出现纰漏之处，还望读者批评指正。

湖北医药学院

2016 年 8 月 1 日

目　　录

第一部分　传染病的消毒与隔离 …………………… 1
第二部分　病毒性肝炎 ………………………………… 17
第三部分　不明原因发热（FUO）的病因
　　　　　诊断 ………………………………………… 34
第四部分　黄疸待查 …………………………………… 49
第五部分　败血症 ……………………………………… 57
第六部分　新发传染病 ………………………………… 65

第一部分
传染病的消毒与隔离

【目的要求】

1. 掌握传染病消毒隔离制度及熟悉常用的消毒、隔离措施。

2. 培养学生对传染病的感性认识；训练学生临床思维能力；常见传染病的临床诊断、鉴别诊断和治疗原则，了解各种传染病分子生物学等检测技术。

【见习内容】

一、教师介绍传染病房的布局，常见消毒隔离制度

（一）隔离区的划分

门诊、病区等单位均应划分清洁区、半污染区、污染区。

1. 清洁区：即没有与病人直接接触，未被病原微生物污染的地方，如工作人员更衣室、休息室、治疗室、库房、值班室等。

2. 半污染区：凡有可能被病人间接轻度污染的地方，如医护办公室、走廊、化验室等。

3. 污染区：指被病人或排泄物、用物等直接污染的地方，如病室、外走廊、病人卫生间（厕所、浴室、洗脸间）地面等。

（二）隔离方式

1. 严格隔离：适用于鼠疫、肺炭疽、霍乱、咽白喉、狂犬病等及一切传播途径不明的传染病。

（1）单间隔离、关闭门窗，病原体相同者可同住一室，病室空气、地面、物体表面消毒1～2次/天。

（2）进入病室者应穿隔离衣、鞋、戴口罩、帽子及手套。离开病室时应消毒双手，脱去隔离衣、鞋。

（3）患者不能离开隔离室，如必须移出，应妥善覆盖，以防在转移过程中污染环境和他人。

（4）有呼吸道感染或手指皮肤破损者，应停止接触此类患者（霍乱例外）。

（5）室内物品固定使用，未经消毒或隔离包装不得移出病室。所用物品需消毒后方可转用。分泌物、排泄物消毒后废弃。污染物品应装双层污物袋，标记、消毒后送出销毁或洗消处理。

（6）患者出院或死亡后，病室及一切用具均须严格执行终末消毒1～3次，经检测合格后方可使用。

（7）采用黄色隔离标志。

2. 接触隔离：适用于婴幼儿急性呼吸道感染、咽炎或肺炎、新生儿淋球菌眼结膜炎、狂犬病、皮肤炭疽病等。

（1）同种病原体感染可同住一室。

（2）密切接触患者应戴口罩，穿隔离衣，接触传染性物质时戴手套。手上有破损者，应停止接触此类患者。

（3）接触患者、污染物、护理下一名患者前，应洗手。

（4）患者用品不得转交他人应用。一切污染用品，须严密消毒后方可使用。

（5）污染物应装袋、标记、送出销毁或洗消处理。

（6）采用橙色隔离标志。

3. 呼吸道隔离：适用于流行性感冒、麻疹、水痘、流行性腮腺炎、猩红热、白喉、百日咳、流行性脑脊髓膜炎及支原体肺炎等。

（1）同一病种患者，可同住一室。

（2）进入病室者应戴口罩，必要时穿隔离衣。

（3）接触患者或可能污染物品、护理下一名患者前应洗手。

（4）患者所用食具、痰杯等应予隔离。食具每餐消毒，痰杯每天消毒。呼吸道分泌物应予消毒后废弃。

（5）病室空气消毒 1～2 次/天。

（6）患者有必要离开病室时，必须戴口罩。

（7）采用蓝色隔离标志。

4. 结核病隔离：适用于痰菌阳性或胸片显示活动性阴影的肺及喉结核患者。

（1）同病种患者，可同住一室。关闭门窗要有特殊的通风装置。

（2）密切接触患者应戴口罩，穿隔离衣。

（3）接触患者、污物、护理下一名患者应洗手。

（4）污染物应彻底清洗、消毒后销毁。

（5）采用灰色隔离标志。

5. 肠道传染病隔离：适用于菌痢、甲型肝炎、戊型肝炎、伤寒、副伤寒、脊髓灰质炎等。

（1）不同病种的患者最好分室收治。病室内应无蝇、无蟑螂。病室地面、物体表面消毒1～2次/天。

（2）密切接触患者时，应穿隔离衣、戴口罩，接触污物时需戴手套，不同病种应更换隔离衣。

（3）接触患者、污物、护理下一名患者前应严格洗手。

（4）患者的用品、食具、便器、排泄物、呕吐物等，均须消毒。指导患者饭前便后洗手。

（5）采用棕色隔离标志。

6. 引流-分泌物隔离：为了防止通过直接、间接接触传染性脓液或分泌物的传染，包括轻型脓肿及烧伤感染，皮肤伤口感染，小面积感染性溃疡，结合膜炎等。隔离的基本原则有以下几点：

（1）可不设隔离室。

（2）换药或接触感染性物质时戴口罩。

（3）有可能污染工作服时穿隔离衣。

（4）接触污染物时戴手套，脱手套后洗手。

（5）接触病人或污染物后，以及护理下一病人前要洗手。

（6）换下来的敷料棉球等应立即装盛有警示标识的黄色医疗废物袋内封闭，专人专线密闭运送，焚烧处理。

（7）采用绿色标记。

7. 血液-体液隔离：适用于乙型肝炎+丙型肝炎、梅毒、钩端螺旋体病、登革热、艾滋病等。

（1）同种病原体感染可同住一室。个人卫生不能自理或出血不易控制易污染者单间隔离。

（2）血液、体液可能污染工作服时，应穿隔离衣。接触血液、体液时，应戴手套，必要时戴口罩、护目镜。

（3）手被血液、体液污染或可能污染后，应立即洗手；必要时用消毒液洗手。

（4）工作中严防被注射针头等利器刺伤，患者用过的针头和注射器，应放入防水、耐刺并有标记的容器内，送出焚烧或灭菌等无害化处理。

（5）被血液、体液污染的敷料应装袋标记，送出消毒或焚毁。被血液、体液污染之处，应立即以5.25%次氯酸钠溶液消毒。

（6）采用红色隔离标志。

8. 保护性隔离。适用于抵抗力低或极易感染的病人，如严重烧伤、早产儿、白血病、脏器移植及免疫缺陷病人等。

（1）设单间隔离室，病人住单间病室。

（2）工作人员进入病室应戴帽子、口罩、手套，穿隔离衣及拖鞋。

（3）接触病人前、后均应洗手。

（4）凡患呼吸道疾病者或咽部带菌者，包括工作人员均应避免接触病人。

（5）未经消毒处理的物品不可带入隔离室。

（6）室内空气、地面、家具等均应严格消毒并通风换气。

（7）探视者应采取相应的隔离措施。

（三）各种消毒方法

1. 物理消毒法

（1）机械消毒：一般应用肥皂刷洗，流水冲净，可消除手上绝大部分甚至全部细菌，使用多层口罩可防止病原体自呼吸道排出或侵入。应用通风装置过滤器可使手术室、实验室及隔离病室的空气，保护无菌状态。

（2）热力消毒：包括火烧、煮沸、流动蒸气、高热蒸气、干热灭菌等。能使病原体蛋白凝固变性，失去正常代谢机能。

1）火烧：凡经济价值小的污染物，金属器械和尸体等均可用此法。简便经济、效果稳定。

2）煮沸：耐煮物品及一般金属器械均用本法，100℃1～2分钟即完成消毒，但芽孢则须较长时间。炭疽杆菌芽孢须煮沸30分钟，破伤风芽孢需3小时，肉毒杆菌芽孢需6小时。金属器械消毒，加1%～2%碳酸钠或0.5%软肥皂等碱性剂，可溶解脂肪，增强杀菌力。棉织物加1%肥皂水15L/kg，有消毒去污之功效。物品煮沸消毒时，不可超过容积3/4，应浸于水面下。注意留空隙，以利对流。

3）流动蒸气消毒：相对湿度80%～100%，温度近100℃，利用水蒸气在物体等表面凝聚，放出热能，杀灭病原体。并当蒸气凝聚收缩产生负压时，促进外层热蒸气进入补充，透至物品深处，加速热量，促进消毒。

4）高压蒸气灭菌：通常压力为98.066kPa，温度121～126℃，15～20分钟即能彻底杀灭细菌芽孢，适用于耐热、耐潮物品。

5）干热灭菌：干热空气传导差，热容量小，穿透力弱，物体受热较慢。需160～170℃，1～2

小时才能灭菌。适用于不能带水分的玻璃容器，金属器械等。

不同病原体的热耐受力，以热死亡时间表达。

（3）辐射消毒：有非电离辐射与电离辐射两种。前者有紫外线，红外线和微波，后者包括丙种射线的高能电子束（阴极射线）。红外线和微波主要依靠产热杀菌。日光曝晒亦依靠其中的紫外线，但由于大气层中的散射和吸收使用，仅 39%可达地面，故仅适用于耐力低的微生物，且须较长时间曝晒。

此外过滤除菌除实验室应用外，仅换气的建筑中，可采用空气过滤，故一般消毒工作难以应用。

2. 化学消毒法：根据对病原体蛋白质作用，分为以下几类。

（1）凝固蛋白消毒剂：包括酚类、酸类和醇类。

1）酚类：主要有酚、来苏、六氯酚等。具有特殊气味，杀菌力有限。可使纺织品变色，橡胶类物品变脆，对皮肤有一定的刺激，故除来苏外应用者较少。

2）酸类：对细菌繁殖体及芽孢均有杀灭作用。但易损伤物品，故一般不用于居室消毒。5%盐酸溶液可消毒洗涤食具、水果，加 15%食盐于 2.5%盐酸溶液可消毒皮毛及皮革，10L/kg 加热 30℃浸泡 40 小时。乳酸常用于空气消毒，100m^{3}空间用 10g 乳酸熏蒸 30 分钟，即可杀死葡萄球菌及流感病毒。

3)醇类：75%乙醇溶液可迅速杀灭细菌繁殖型，对一般病毒作用较慢，对肝炎病毒作用不肯定，对真菌孢子有一定杀灭作用，对芽孢无作用。用于皮肤消毒和体温计浸泡消毒。因不能杀灭芽孢，故不能用于手术器械浸泡消毒。异丙醇对细菌杀灭能力大于乙醇，经肺吸收可导致麻醉，但对皮肤无损害，可代替乙醇应用。

（2）溶解蛋白消毒剂：主要为碱性药物，常用有氢氧化钠、石灰等。

1）氢氧化钠：白色结晶，易溶于水，杀菌力强，2%～4%氢氧化钠溶液能杀灭病毒及细菌繁殖型，10%溶液能杀灭结核杆菌，30%溶液能于 10 分钟杀灭芽孢，因腐蚀性强，故极少使用，仅用于消灭炭疽菌芽孢。

2）石灰：遇水可产生高温并溶解蛋白质，杀灭病原体。常用 10%～20%石灰乳消毒排泄物，用量须 2 倍于排泄物，搅拌后作用 4～5 小时。20%石灰乳用于消毒炭疽菌污染场所，每 4～6 小时喷洒一次，连续 2～3 次。刷墙 2 次可杀灭结核芽孢杆菌。因性质不稳定，故应用时应新鲜配制。

（3）氧化蛋白类消毒剂：包括含氯消毒剂和过氧化物类消毒剂。因消毒力强，故目前在医疗防疫工作中应用最广。

（4）阳离子表面活性剂：主要有季铵盐类，高浓度凝固蛋白，低浓度抑制细菌代谢。有杀菌浓度，毒性和刺激性小，无漂白及腐蚀作用，无臭、稳定、水溶性好等优点。但杀菌力不强，尤其对芽孢效果不佳，受有机物影响较大，配伍禁忌较多，为其缺点。国内生产有新洁尔灭（苯扎氯铵），消毒宁（度米苍）和消毒净，以消毒宁杀菌力较强，常用浓度0.05%～0.1%，可用于皮肤、金属器械、餐具等消毒。不宜作排泄物及分泌物消毒用。

（5）烷基化消毒剂

1）福尔马林：为 34%～40%甲醛溶液，有较强大杀菌作用。1%～3%溶液可杀死细菌繁殖型，5%溶液 90 分钟或杀死芽孢，室内熏蒸消毒一般用 $20ml/m^3$ 加等量水，持续 10 小时，消除芽孢污染，则需 $80ml/m^3$ 24 小时，适用于皮毛、人造纤维、丝织品等不耐热物品。因其穿透力差，刺激性大，故消毒物品应摊开，房屋须密闭。

2）戊二醛：作用似甲醛。在酸性溶液中较稳定，但杀菌效果差，在碱性液中能保持 2 周，但强提高杀菌效果，故通常 2%戊醛内加 0.3%碳酸氢钠，校正 pH 为化合物（杀菌效果增强，可保持稳定性 18 个月。无腐蚀性，有广谱、速效、高热、低毒等优点，可广泛用于细菌、芽孢和病毒消毒。不宜用作皮肤、黏膜消毒。

3）环氧乙烷：低温时为无色液体，沸点 10.8℃，故常温下为气体灭菌剂。其作用为通过烷基化，破坏微生物的蛋白质代谢。一般应用是在 15℃时 0.4～0.7kg/m^2，持续 12～48 小时。温度升高 10℃，杀菌力可增强 1 倍以上，相对湿度 30%灭菌效果最佳。具有活性高，穿透力强，不损伤物品，不留残毒等优点，可用于纸张、书籍、布、皮毛、塑料、人造纤维、金属品消毒。因穿透力强，故需在密闭容器中进行消毒。须避开明火以防爆。消毒后通风防止吸入。

（6）其他

1）碘：通过卤化作用，干扰蛋白质代谢。作用迅速而持久，无毒性，受有机物影响小。常有碘酒、碘伏（碘与表面活性剂为不定型结合物）。常用于皮肤黏膜消毒，医疗器械应急处理。

2）洗必泰（氯己定）：为双胍类化合物。对细菌有较强的消毒作用。可用于手、皮肤、医疗器械、衣物等消毒，常用浓度为 0.02～0.1%。

二、教师示范穿脱隔离衣、洗手法，学生练习并接收考核

（一）什么时候需要穿隔离衣

1. 接触经接触传播的感染性疾病患者如传染

病患者、多重耐药菌感染患者时。

2. 可能受到患者血液、体液、分泌物、排泄物喷溅时。

3. 对患者实行保护性隔离时，如大面积烧伤、骨髓移植等患者的诊疗、护理时。

（二）准备工作

1. 隔离衣、消毒液。

2. 选择宽敞的区域。

3. 取隔离衣时看清隔离衣是否完好、合适，有无穿过；确定清洁面和污染面（隔离衣的衣领和隔离衣内面视为清洁面）。

（三）穿脱隔离衣步骤

1. 穿隔离衣法

（1）穿工作服、修剪指甲、戴好口罩、帽子，取下手表，拿出听诊器、叩诊锤等，卷袖过肘（冬季卷过前臂中部即可）。

（2）手持衣领从衣钩上取下隔离衣，清洁面面向自己，将衣领的两端向外，向领中央折齐，右手食、中和无名指分别插入领的各折叠处，拇指、小指在外持住衣领，露出袖笼。

（3）右手伸入袖内，左手持衣领向上拉，使右手露出来。

（4）换左手持衣领，右手伸入袖内，举手将袖抖上。（可先穿左手，视个人习惯而定）注意：抖手时勿触及面部。

（5）两手持衣领，由领子中央顺着边缘向后将领扣扣好。注意：昂头、伸颈、向后方伸展肩关节，污染的袖口不可触及衣领、面部和帽子。

（6）扣好袖扣（紧口袖免此步骤）。注意：此步骤结束后手已被污染。

（7）将隔离衣一边（约在腰下 5cm 处）腋中线拉住，然后渐向前拉，直到看到边缘，同法捏住另一侧边缘（注意手勿触及衣的内面），双手在后面将边缘对齐，向后方拉伸，（注意：勿用力过大，以免有些粘贴式衣领被拉开），向一侧折叠，以一手按住，另一手将腰带拉至背后压住折叠处，将腰带在背后交叉，回到前面打一活结（注意：勿使折处松散；腰带过短时可在后方打结，而不必一定绕至前面）。

（8）如隔离衣的衣袖过长，可将肩部纽扣扣上，穿好隔离衣，即可进行工作。注意：有些隔离衣无此“装备”。

2. 脱隔离衣法

（1）解开腰带，在前面打一活结。

（2）解开两袖口及肩扣子，在肘部将部分袖子塞入工作服下（紧袖口的工作服无需此步骤，直接将衣袖往上拉即可），使两手露出来，便于洗手消毒。注意：不可使衣袖外侧塞入袖内。

（3）消毒清洗双手后，解开领扣，右手伸入左侧衣袖里拉下衣袖过手，用遮盖的左手握住右手隔离衣袖外面将袖拉下，两手在袖内解开腰带，两手轮换握住袖子，渐渐自袖管中退出，再用右手撑住工作衣肩缝撤出左手，随即用左手握住领子的外面再脱出右手。

（4）两手握住领子，将隔离衣两边对齐（如挂在半污染区的隔离衣，清洁面向外，挂在污染区的隔离衣，污染面在外），挂在衣钩上。

（四）洗手法

1. 什么时候洗手？

（1）诊疗患者前后。

（2）在接触眼、鼻及口前。

（3）进食及处理食物前。

（4）如厕前后。

（5）当手被呼吸道分泌物污染前后。

2. 七步洗手法

（1）第一步：洗手掌，流水湿润双手，涂抹洗手液（或肥皂），掌心相对，手指并拢相互揉搓。

（2）第二步：洗背侧指缝，手心对手背沿指缝相互揉搓，双手交换进行。

（3）第三步：洗掌侧指缝，掌心相对，双手交叉沿指缝相互揉搓。

（4）第四步：洗拇指，一手握另一手大拇指旋转揉搓，双手交换进行。

（5）第五步：洗指背，弯曲各手指关节，半握拳把指背放在另一手掌心旋转揉搓，双手交换进行。

（6）第六步：洗指尖，弯曲各手指关节，把指尖合拢在另一手掌心旋转揉搓，双手交换进行。

（7）第七步：洗手腕、手臂 揉搓手腕、手臂，双手交换进行。

3. 注意事项

（1）每个动作应持续 10 秒以上。

（2）洗手设施：流动水洗手。

三、教师带学生参观呼吸道传染病房及消化道传染病房，讲解常见传染病的临床诊断、鉴别诊断和治疗原则，及常见传染病的临床诊断、鉴别诊断和治疗原则。

【思考题】

1. 如何穿脱隔离衣？

2. 传染病主要的消毒方法有哪些？

3. 简述“急性腹泻（考虑细菌性痢疾）”的临床诊断、鉴别诊断和治疗原则。

第二部分
病毒性肝炎

【目的要求】

1. 熟练掌握各型病毒性肝炎的诊断要点，尤其是急性重症肝炎的病情判断。

2. 基本掌握病毒性肝炎的治疗要点，尤其是肝性脑病的治疗原则、病毒性肝炎的实验室检查方法。

3. 了解认识病毒性肝炎的预防、消毒、隔离原则。

【见习内容】

一、概　　述

（一）定义

1. 病毒性肝炎：是指多种嗜肝肝炎病毒引起的以肝脏病变为主的全身性疾病。确定的肝炎病毒有甲、乙、丙、丁、戊共五型。

2. 病原体不同，但临床症状基本相似，以疲乏、无力、食欲缺乏、肝大、肝功能异常为主要表现。部分病例出现黄疸。乙型和丙型、丁型易转为慢性。

（二）病原学

1. 甲肝（HAV）：为单股正链 RNA 病毒，在体外抵抗力较低，低温下可长期存活，传染性高于 HEV，发病有家庭聚集现象。在 100℃加热 5 分钟可使病毒灭活，70%乙醇溶液 25℃ 3 分钟均可有效灭活 HAV。

HAV 仅一个血清型和一个抗原抗体系统。

抗 HAV-IgM：是诊断 HAV 急性感染的指标抗 HAV-IgG：是保护性抗体，是产生免疫力的标志。

2. 乙肝（HBV）：血清中抗原抗体的临床意义

1）HBsAg：出现时间：在 HBV 感染后 2～6 个月（潜伏期）；持续时间：急性自限性肝炎，6 个月内可消失；慢性肝炎或慢性 HBsAg 携带者：可持续阳性。

抗-HBs：为保护性抗体，期出现标志着 HBV 感染进入恢复期，对 HBV 再感染有免疫力。但对不同亚型 HBV 保护力不完全。

2）HBeAg：是病毒复制和传染性的标志。

抗-HBe：出现时间：随着 HbeAg 消失而出现。

3）HbcAg：主要存在于 HBV 感染的肝细胞内或者 DANE 颗粒核心中，到血液中被降解为 HbeAg。

抗-HBc：抗-HBc-IgM：是 HBV 近期感染或者慢性感染者病毒活动的标志；抗-HBc-IgG：凡有过 HBV 感染者均可阳性。

4）HBV DNA：是病毒复制和有传染性最直接的证据。

3. 丙肝（HCV）：HCV 是一种单股正链 RNA 病毒。对一般化学消毒剂敏感，经加热 100℃ 5 分钟或 60℃ 10 小时或甲醛熏蒸可灭活。

抗-HCV 是非中和抗体，是 HCV 感染的标志，抗-HCV 的存在一般表示有传染性。高效价的抗-HCV 阳性，常与 HCV 现存感染有关，如能同时查到丙型肝炎 RNA 即可确诊病毒复制和有传染性。

4. 丁肝（HDV）：丁型肝炎病毒（HDV）是一种单股环状闭合 RNA 病毒。DV 是一种缺陷病毒：需有 HBV 或其他嗜肝 DNA 病毒（如 WHV）的辅助才能复制、表达抗原及引起肝损害。在细胞核内 HDV RNA 无需 HBV 的辅助能自行复制，但 HDV 病毒颗粒的装配和释放需要 HBV 的辅助。HDV 可与 HBV 同时感染人体，也可以在 HBV 感染的基础上引起重叠感染。当 HBV 感染结束时，HDV 感染已随之结束。

5. 戊肝（HEV）：戊型肝炎病毒（HEV）是一种单股正链 RNA 病毒。HEV 对高盐、氯仿等敏感，在 4℃或–20℃下易被破坏。抗-HEV IgM 和抗-HEV IgG 均可作为近期感染 HEV 的标志。

二、病毒性肝炎的流行病学

（一）甲型肝炎

1. 传染源：急性期患者和亚临床感染者，起病前2周到ALT高峰期后1周传染性最强。

2. 传播途径：粪-口途径是主要传播途径，输血后引起甲肝极为罕见。

3. 易感人群：普遍易感。

4. 流行特征：与居住条件、卫生习惯及教育程度密切相关。水源、食物被污染可呈暴发流行，例如1988年上海甲型肝炎大流行主要由于食用HAV污染的毛蚶引起。

（二）乙型肝炎

1. 传染源：急性、慢性患者、亚临床患者和病毒携带者，以慢性患者和病毒携带者最为重要，传染性贯穿整个病程。

2. 传播途径：①母婴传播：主要为围产期传播和产后密切接触传播，也可发生宫内传播，在我国占40%～50%。②血液传播：输血及血制品、注射、手术、针刺、共用剃刀和牙刷、血液透析、器官移植。③体液传播：性接触、密切生活接触，唾液、汗液、阴道分泌物、乳汁含HBV可能会引起传播。

3. 易感人群：一部分是新生儿、学龄前儿童，尤其是母亲在妊娠期间为病毒携带者的新生儿，另一部分是危险人群，包括接触乙肝病人的医护人员，直接接触血液、分泌物的医护人员，乙肝病人和乙肝病毒携带者的配偶，家庭成员或密切接触者。

4. 流行特征：婴幼儿期感染多见，呈慢性化。但随着乙肝疫苗的推广 5 岁以下儿童的 HBsAg 阳性率降至 0.96%（我国 HBsAg 总阳性率为 7.18%，2005 年流调数据）。以散发为主，有家庭聚集现象，暴发仅见于输血后肝炎和血液透析中心。

无明显季节性。

（三）丙型肝炎

1. 传染源：主要为急、慢性患者，以慢性患者尤为重要。血清抗 HCV 阳性的亚临床感染者也可能长期存在传染性。

2. 传播途径：①输血及血制品传播。②注射途径传播。③密切生活接触传播。④性接触传播。⑤母婴传播。

3. 易感人群：凡未感染过 HCV 者均易感。高危人群：经常使用血制品者，长期接受血液透析治疗患者、静脉药瘾者、多个性伴侣及同性恋等。

4. 流行特征：呈全球分布，无明显地理界限。南欧、中东、南美和部分亚洲国家较高，西欧、北美和澳大利亚较低。我国为高发区。

（四）丁型肝炎

1. 传染源：急性或慢性丁型肝炎患者；HDV 及 HBV 携带者。

2. 传播途径：类似乙型肝炎。

3. 易感人群：①共同感染：指 HBV 和 HDV 同时感染，感染对象是正常人群或未受 HBV 感染的人群。②重叠感染：指在慢性 HBV 感染的基础上感染 HDV，感染对象是已受 HBV 感染的人群。

4. 流行特征：全球性分布。呈散发性发病和暴发流行，以散发性为主。

（五）戊型肝炎

1. 传染源：患者及隐性感染者。动物（家猪、羊和野鼠等）可能是一种重要的传染源，并可能作为 HEV 的贮存宿主。

2. 传播途径：①粪-口传播是主要的传播途径。②经胃肠道以外的传播途径。③以输血或注射的方式传播的可能性较少。④尚未有经性接触传播和母婴之间垂直传播的病例报告。

三、病毒性肝炎的发病机制

病毒性肝炎发病机制较复杂，不同类型的病毒引起疾病的机制也不尽相同。

1. 甲型及戊型病毒性肝炎分别由 HAV 和 HEV 感染引起，HAV/HEV 经口进入体内后，经肠道进入血流并到达肝脏，随后通过胆汁排入肠道并出现粪便中。病毒侵犯的主要器官是肝脏。HAV 引起肝细胞损伤的机制尚未明确，一般认为 HAV 不直接引起肝细胞病变，肝脏损害是 HAV 感染肝细胞的免疫病理反应所引起的；戊型肝炎早期肝脏的炎症主要有 HEV 直接致细胞病变，而在病毒清除期肝细胞的病变主要由 HEV 诱导的免疫反应引起。

2. 乙肝病毒对肝脏的损害机制较复杂，多数学者认为不是直接的，而是通过免疫应答介导肝细胞坏死及炎症，其中细胞毒性 T 细胞（CTL）通过溶细胞机制及非溶细胞机制造成肝脏的病变；其实 CTL 直接造成肝细胞损伤仅占肝细胞病变的一小部分，而细胞因子如 TNF-α 及细胞凋亡信号 Fas/FasL 的激活起很大作用。TNF-α 及 INF-γ 在免疫清除病毒中起重要作用。另外 NK 细胞及 NKT 细胞的溶细胞机制也起协同作用。

3. 丙型病毒性肝炎的发病机制复杂，其发生、发展及转归取决于病毒和机体免疫系统间的相互作用。其中 HCV 抗原特异性 CTL 在其中发挥重要作用，细胞凋亡是丙肝肝细胞损伤的机制之一，此外，调节性 T 细胞也参与整个疾病过程。

四、临 床 表 现

虽然五型病毒性肝炎的病原不同，但临床上有很大的相似性。但病程有所不同，病程在 6 个月之内的为急性肝炎，病程超过 6 个月者为慢性肝炎，其中：

1. 甲型、戊型病毒性肝炎只表现为急性肝炎。

2. 乙型、丙型、丁型病毒性肝炎可以呈急性肝炎或慢性肝炎的表现，并有发展为肝硬化和肝细胞癌的可能。需注意，由于病毒感染的潜隐性，对于乙型、丙型、丁型病毒性肝炎，即使患者不能提供6个月以上的病史，也不一定能排除慢性肝炎的可能。

（一）急性肝炎

患者在近期内出现、持续几天以上但无其他原因可解释的症状，如乏力、食欲减退、恶心等。肝大并有压痛、肝区叩击痛，部分患者可有轻度脾大。化验发现血清ALT升高，血清病原学检测阳性。若不伴有胆红素的升高，为急性无黄疸型肝炎；若伴有胆红素升高则为急性黄疸型肝炎。

（二）慢性肝炎

急性肝炎病程超过半年，或原有乙型、丙型、丁型肝炎或HBsAg携带史，本次又因同一病原再次出现肝炎症状、体征及肝功能异常者可以诊断为慢性肝炎。发病日期不明或虽无肝炎病史，但肝组织病理学检查符合慢性肝炎，或根据症状、体征、化验及B超检查综合分析，亦可做出相应诊断。

按照我国2015年病毒性肝炎防治方案，慢性肝炎临床上可分为：

1. 轻度（临床症状、体征轻微或缺如，肝功能指标仅 1 或 2 项轻度异常）。

2. 中度（介于轻度和重度之间）。

3. 重度（有明显或持续的肝炎症状，如乏力、食欲缺乏、腹胀、尿黄、便溏等，伴有肝病面容、肝掌、蜘蛛痣、脾大并排除其他原因，且无门静脉高压症者。实验室检查血清 ALT 和（或）AST 反复或持续升高，白蛋白降低或 A/G 比值异常、丙种球蛋白明显升高）。除前述条件外，凡白蛋白≤32g/L，胆红素大于 5 倍正常值上限、凝血酶原活动度 40%～60%，胆碱酯酶＜2500U/L，四项检测中有一项达上述程度者即可诊断为慢性肝炎重度。

（三）重型肝炎

2000 年我国病毒性肝炎防治方案给出的定义如下：

1. 急性重型肝炎：以急性黄疸型肝炎起病，2 周内出现极度乏力，消化道症状明显，迅速出现Ⅱ度以上肝性脑病，凝血酶原活动度低于 40%并排除其他原因者，肝浊音界进行性缩小，黄疸急剧加深。

2. 亚急性重型肝炎：以急性黄疸型肝炎起病，15 天至 24 周出现极度乏力，消化道症状明显，同时凝血酶原时间明显延长，凝血酶原活动度低于

40%并排除其他原因者，黄疸迅速加深，每天上升≥17.1μmol/L 或血清总胆红素大于正常 10 倍，首先出现Ⅱ度以上肝性脑病者，称脑病型（包括脑水肿、脑疝等）；首先出现腹水及其相关症候（包括胸水等）者，称为腹水型。

3. 慢性重型肝炎：有慢性肝病的基础如慢性肝炎或肝硬化病史，或慢性乙型肝炎病毒携带史，或无肝病史及无 HBsAg 携带史，但有慢性肝病体征（如肝掌、蜘蛛痣等）、影像学改变（如脾脏增厚等）及生化检测改变者（如丙种球蛋白升高，白/球蛋白比值下降或倒置），或肝穿检查支持慢性肝炎，并发生重型肝炎的表现。

4. 亚急性重型和慢性重型肝炎分期：对于亚急性重型和慢性重型肝炎可根据其临床表现分为早、中、晚三期：

（1）早期：符合重型肝炎的基本条件，如严重乏力及消化道症状，黄疸迅速加深，血清胆红素大于正常 10 倍，30%＜凝血酶原活动度≤40%，或经病理学证实。但未发生明显的脑病，亦未出现腹水。

（2）中期：有Ⅱ度肝性脑病或明显腹水、出血倾向（出血点或淤斑），20%＜凝血酶原活动度≤30%。

（3）晚期：有难治性并发症如肝肾综合征、消化道大出血、严重出血倾向（注射部位淤斑等）、严重感染、难以纠正的电解质紊乱或Ⅱ度以上肝性脑病、脑水肿、凝血酶原活动度≤20%。

（四）淤胆型肝炎

起病类似急性黄疸型肝炎，但自觉症状常较轻，皮肤瘙痒，大便灰白，常有明显肝脏肿大，肝功能检查血清胆红素明显升高，以直接胆红素为主，凝血酶原活动度＞60%或应用维生素 K 肌注后一周可升至 60%以上，血清胆汁酸、γ谷氨酰转肽酶，碱性磷酸酶、胆固醇水平可明显升高，黄疸持续 3 周以上，并除外其他原因引起的肝内外梗阻性黄疸者，可诊断为急性淤胆型肝炎。在慢性肝炎基础上发生上述临床表现者，可诊断为慢性淤胆型肝炎。

（五）肝炎、肝硬化

肝炎、肝硬化是慢性肝炎发展的结果，肝组织病理学表现为弥漫性肝纤维化及结节形成，二者必须同时具备，才能诊断。

1. 代偿性肝硬化是指早期肝硬化，虽可有轻度乏力、食欲减少或腹胀症状，尚无明显肝功能衰竭表现。可有门静脉高压症，如轻度食管静脉曲张，但无腹水、肝性脑病或上消化道出血。

2. 失代偿性肝硬化是指中晚期肝硬化，有明显肝功能异常及失代偿征象，如人血白蛋白＜35g/L，A/G 35μmol/L，ALT 和 AST 升高，凝血酶原活动度＜60%。患者可出现腹水、肝性脑病及门静脉高压症引起的食管、胃底静脉明显曲张或破裂出血。

五、实验室检查

1. 血常规

（1）急性肝炎：白细胞正常或者偏低，淋巴细胞相对升高。

（2）慢性肝炎、肝硬化：后期白细胞和淋巴细胞均可减少。

2. 肝功能检查

（1）丙氨酸转氨酶：血清 ALT 升高程度与肝损害程度不平衡。对判定急慢性肝炎有一定的帮助。

（2）门冬氨酸转氨酶：明显升高提示肝细胞损伤较严重。

3. 胆红素测定：血清总胆红素身高水平可反映肝细胞损伤程度，直接胆红素占总胆红素比例对判断黄疸性质有帮助。

4. 尿二胆：急黄肝高峰期或淤胆性肝炎及胆道梗阻时，尿胆元素可阴性。

六、诊断与鉴别诊断

病毒性肝炎的诊断是在肝炎临床表现的基础

上结合流行病学史，并检测到病毒特异性标志物。

1. 甲型肝炎确诊的标记物是抗-HAV IgM 阳性，通常在发病后1周左右即可在血清中测出。

2. 乙肝肝炎确诊的标记物是 HBsAg 阳性（大三阳：HBsAg、HBeAg、抗-HBc 或小三阳：HBsAg、抗-HBe、抗-HBc），HBV DNA 的载量可反应病毒复制的活跃程度，肝功能异常程度反应肝脏炎症的活动程度。

3. 丙型肝炎确诊的标记物是抗-HCV 阳性。

4. 戊型肝炎确诊的标记物是抗-HEV IgM 阳性。

5. 丁型肝炎确诊的标记物是抗-HDV 阳性或 HDV 抗原阳性。

病毒性肝炎需与溶血性黄疸、肝外梗阻性黄疸、非嗜肝病毒（如巨细胞病毒、EB 病毒）所致的肝炎、药物性肝损害、酒精性肝病、自身免疫性肝炎等疾病相鉴别。

七、治　疗

（一）急性肝炎

1. 隔离：HAV2 周，HEV3 周，HBV、HCV、HDV 抗原消失。

2. 休息：早期卧床，逐渐活动，3 月后恢复工作。

3. 营养：足够热卡、维生素类、蛋白质。

4. 抗病毒：仅限 HCV——干扰素+利巴韦林。

5. 适当护肝药。

（二）慢性肝炎

1. 休息：动静结合，注意营养，个人卫生。

2. 对症：适当护肝、降酶、退黄药。

3. 抗病毒：干扰素类（HBV，HCV，HDV）；核苷类似物，如拉米夫定、阿德福韦、恩替卡韦等（HBV）。

4. 调整免疫功能：胸腺素，转移因子，特异性免疫核糖核酸，中药多糖类，虫草类，苦参碱，灵芝，黄芪等。

（三）重型肝炎

1. 支持，护理

绝对卧床，低脂、低蛋白饮食。

输注血浆，白蛋白，补足热量、水、电解质。

卫生护理防止交叉感染。

2. 防治并发症

防治出血——给予维生素 K，凝血因子，制酸剂保护胃黏膜。

防治肝性脑病——防治氨中毒，调整支链氨基酸、芳香氨基酸比例，防治脑水肿。

防治继发感染——选用对肝肾无毒性的抗生素，主要针对革兰阴性菌。

防治肾衰——防治低血容量，适当利尿剂，避免过度利尿、放腹水。

3. 促肝细胞再生

促肝细胞生长素。

胰高糖素-胰岛素。

4. 人工肝支持。

5. 肝移植。

（四）淤胆型肝炎

同急性肝炎。

退黄：泼尼松 30～60mg/d，苯巴比妥 90mg/d。

八、预　防

（一）隔离传染源

1. 病人：见治疗。

2. 慢性病毒携带者：注意个人卫生，不能从事饮食、饮水、幼托工作，不能献血。

（二）切断传播途径

1. 甲、戊型肝炎：饮食卫生，消灭苍蝇，水源、粪便管理。

2. 乙、丙、丁型肝炎：医用消毒，漱洗专用，流水洗手，一次性注射器，献血员及血制品的严格检验。

（三）保护易感人群

1. 甲肝疫苗：保护期 20 年。

2. 丙种球蛋白：甲肝流行期间婴幼儿注射。

3. 乙肝疫苗：保护期约 5 年。

4. 乙肝高价免疫球蛋白：$HBeAg^{+}$母亲所生婴儿，其他暴露于 HBV 的易感者。

【见习方法】

1. 教师分别选择各型肝炎患者作为病例。

2. 带领学生分组进行病史采集并做体格检查，学生回教室汇报病例摘要及总结病例特点做出诊断。

3. 教师最后结合患者实际情况小结。

4. 找一临床肝炎典型病例，要求做出以下分析：

（1）诊断及诊断依据。

（2）鉴别诊断。

（3）进一步检查。

（4）治疗原则。

（5）简述预防措施。

【思考题】

1. 简答题

（1）黄疸的鉴别诊断。

（2）简述各型病毒性肝炎的临床分型及表现。

（3）简述各型肝炎的预防措施。

2. 病史采集训练

李某，男，35 岁，因“低热、乏力、厌油 2 周”入院。

第三部分
不明原因发热（FUO）的
病因诊断

【目的要求】

1. 掌握发热病因鉴别诊断及思路。
2. 熟悉常见发热性疾病。
3. 熟悉发热概念及其特征。

【见习内容】

不明原因发热（FUO）的病因诊断是一个世界性难题，有近10%的FUO病例始终不能明确病因。

一、FUO的定义

发热待查（fever of unknown origin，FUO）大多沿用1961年Petersderf和Beeson提出的定义，即发热3周以上，体温（肛温）>38.3℃，入院后1周仍无法明确诊断者。定义3周以上是为了排除自限性病毒感染引起的发热；规定1周以上住院时间是为了保证能完成相应的各项检查。1999年全国发热性疾病研讨会将FUO定义为：发热持续3周以上，体温>38.5℃，经详细询问病史、体格检查和常规实验室检查仍不能明确诊断者。

二、发热的病理生理

（一）体温的调节

机体具有两种控制体温的系统，一是所谓行为调节，一是自身调节（即反馈调节系统）。前者是有意识的活动；后者是通过神经体液的作用而实现，其调节机构包括温度感受器和体温调节中枢。温度感受器分为温觉感受器（兴奋时散热增加）和冷觉感受器（兴奋时产热增加）；体温调节中枢在下丘脑，目前生理学上多采用调定点的学说来解释体温调节中枢对体温调节的功能活动。

（二）致热原与发热的机制

据现有的资料表明，除由甲状腺功能亢进（包括甲状腺危象）、剧烈运动、惊厥或癫痫持续状态等情况导致的产热过多，或因广泛皮肤病变、充血性心力衰竭等所致的散热障碍造成的发热以及功能性低热外，其余原因所致的发热皆可能与致热原作用于体温调节中枢有关。

致热原（pyrogen）是一类能引起恒温动物体温异常升高的物质的总称，微量物质即可引起发热。目前已知的致热原可概括为两类：

1. 外源性致热原：如病毒、衣原体、支原体、立克次体、螺旋体、细菌及其毒素、真菌、原虫、抗原抗体复合物、致热类固醇（如原胆烷醇酮，又名尿睾酮），炎症的某些内源性因子、尿酸结晶、博来霉素等，这一类致热原，不能透过血脑脊液屏障，故不能直接进入下丘脑作用于体温中枢，而是通过宿主的细胞产生所谓内源性致热原再作用于体温调节中枢，引起发热。

2. 内源性致热原：是从宿主细胞内衍生的致热物质，体外细胞培养显示其主要来自大单核细胞和巨噬细胞。常见的内源性致热原有白细胞介素、肿瘤坏死因子、干扰素（interferons，IFN）等。

三、FUO 病因诊断的一般方法

1. 病史采集：包括起病缓急、症状的演变发展、发病季节、地区、特殊传染病的流行病学资料、用药情况、职业、旅行、家族性疾病和既往病史等。在 FUO 未明确诊断之前，我们必须定期（1～2 周）进行系统、详细的病史询问。如：

1）发热史：包括发热起始时间、热程、热型和热度，发热规律：能否自行退热、退热方式，对治疗的反应（特别包括对抗菌药物的治疗反应），发热在一天或一段时间内是否有规律性，是否伴有畏寒或寒战（非感染性发热一般不伴畏寒和寒战）是否伴有寒战，是否有节律性，是否与其他特定症状（如皮疹、关节痛）相伴随，是否有季节性。

2）疾病史：如结核病和与免疫功能低下相关疾病的病史。

3）特殊地区（疫区、牧区）定居或旅游史。

4）其他病史：如手术史、用药史和冶游史等。

2. 体格检查：体检时需注意：①易被忽视的部位，如口腔、咽喉、牙龈、甲状腺和指（趾）端、脊柱、妇科等；②不能放过任何可疑体征；③特殊体征如皮疹、出血点，淋巴结、肝、脾大，关节肿大、畸形、功能障碍，局部隆起、肿块，新出现的心脏杂音，肺部啰音，局部叩痛等。

3. 辅助检查：如有下列情况则需行全面辅助检查：①病史和体征不能提供任何与病因相关的线索；②凭经验得不出任何推测结果；③已作过的检查无疑点可寻。在这种情况下，进行撒网式的全面检查是很有价值的，但也需有一定针对性，比如检测血沉、C 反应蛋白（CRP），多部位影像学检查，反复多次行血培养，检测各种自身免疫性疾病指标及肿瘤标志物等。在行骨髓穿刺时，提倡多部位、多次进行，胸骨穿刺对发现血液系统异常比其他部位穿刺更有价值。三大常规是诊断 FUO 时最基本、实用、简单易行的检查，而有时却又被忽略。特别是血常规经常可对 FUO 定性，以及对血液系统肿瘤诊断具有重要价值。抗原、抗体检测是我们诊断 FUO 的重要手段。

4. 针对性检查：在已掌握一些线索但仍不能确诊时，需有针对性地进行深入检查，如对肿大淋巴结、皮肤及浅表部位包块、液性包块进行穿刺活检，对心包、胸腔、腹腔、关节腔积液及脑脊液进行穿刺化验，并行针对性的影像学检查。应注意，有些检查需多次重复，某些以发热为表现的疾病表现出可供明确病因的症状是需要一定时间的。

四、FUO 病因诊断的特殊处理方法

所谓“特殊”方法是指看似违背常规做法的诊断方式：①停药观察。一是确曾有过感染表现，但长期使用抗生素治疗无效时，可视患者情况停药观察，以排除或确定患者的发热症状是否为抗生素引起的“药物热”；二是要敢于否定其他医院或医师的可疑诊断。②试用抗菌药物。在试验性治疗的同时，必须不断进行体液培养、查找感染部位、观察治疗效果。③试用抗结核药物。结核病，尤其是肺外结核往往很难捕捉到证据，一般来说，如确为结核患者，用药 2～3 周后体温会显著降低，否则要怀疑结核病的诊断。另外，试验性治疗的用药方法要正规，所用药物的种类、组合和剂量都要与正规抗结核治疗相同。④免疫抑制剂。对高度怀疑患自身免疫性疾病及恶性淋巴瘤的患者可使用糖皮质激素。⑤营养支持治疗。许多临床医师在收治 FUO 患者时一味把精力放在寻找发热的病因上，而忽略

了对长期发热，尤其是高热患者的营养支持治疗。

五、FUO 病因诊断的特定规律

导致 FUO 的疾病很多，但通常以下列 3 类疾病为主：一是感染性疾病，其约占所有 FUO 病例的 50%；二是自身免疫性疾病，约占 FUO 患病人数的 20%～30%；三是恶性肿瘤，约占 FUO 患病人数的 10%～20%。另有约 5%～10%的 FUO 病例始终不能明确诊断。在考虑病因时要从表现不典型的常见、多发病着手，作出罕见疾病诊断时要慎重。再次，体温很高、发热时间较长的 FUO 患者多有重症疾病，其中有不少为恶性肿瘤，尤其恶性淋巴瘤或恶性组织细胞病。

错误的诊疗方法：①滥用抗菌药物。②滥用糖皮质激素。③滥用非类固醇类解热镇痛药。

“药物热”通常在服药 6～10 天后发生，最短者为 1 小时，最长为 25 天。能引起“药物热”的药物有多种，近年来，尤其是使用抗生素引起的“药物热”时有发生。有人统计，其中常见的有苯巴比妥、解热镇痛药、磺胺类、奎宁，抗生素有青霉素、氨苄青霉素、链霉素、氯霉素、先锋霉素、万古霉素等。“药物热”常伴药疹，也有不伴药疹的单纯性药热。“药物热”表现有恶寒（或寒战）发热，热型有弛张热、稽留热或微热。还可伴有周身不适、头痛、肌肉疼痛、关节痛、淋巴结肿痛和消化系症状等，继而出现皮疹、血管神经性水肿等。皮疹呈多形性对称性分布，并往往伴有瘙痒或烧灼感。皮疹类型有猩红热样红斑、荨麻疹及麻疹样红斑、固定性红斑等。严重的药疹可表现为剥脱性皮炎。皮疹严重者，停药后热度可持续较长时间。

1. “药物热”，则缺乏明显的感染病灶。

2. 虽然体温超出正常（多表现为持续高热），但中毒现象并不显著，精神状态一般良好，也无慢性病容。

3. 除发热以外，常同时伴有皮疹，这更有助于药物过敏反应的判断。抗生素引起的药物热往往不伴皮疹或仅有轻度的皮疹。体温多于停药后两天内恢复正常。

4. 平时若有对食物或药物过敏的现象，尤应警惕药物热的可能。

5. 一般而言，在应用抗生素的疗程中，如病情已改善，体温下降或已趋正常之后再度上升或热度重现者，应考虑药物热的可能。如果发热出现在使用抗生素之后，由于输液大多在白天，所以到了夜间患者体温会有下降趋势，这是药物热的一个特点。这与感染性疾病所致的发热正好相反。此时如患者原有感染已获控制，且无新感染或二重感染的证据，而白细胞总数不高，无明显的左移与中毒性颗粒，或有嗜酸粒细胞增多，停药而热度下降、皮疹消退者，则“药物热”的诊断即可肯定。

（一）感染性疾病是 FUO 最常见、最重要的原因

1. 结核病仍是感染性 FUO 的主要原因，其中肺外结核居多。

诊断困难的原因：①临床表现多样化、不典型，发病部位隐蔽；②当深部淋巴结核有大量干酪样物质形成或结核菌已有耐药性产生时，1～3 个月的试验性抗结核治疗，病情可无改善，容易据此否定结核病的诊断；③在免疫缺陷患者和使用糖皮质激素、免疫抑制剂、抗肿瘤药物的患者，结核病的发生率和复发率都很高，极易造成全身性播散，而此时又易与原有疾病发展或复发相混淆。

2. 感染性心内膜炎：诊断困难的原因：①缺乏心脏杂音或新出现的杂音；②除发热外其他临床表现很少；③血培养阴性（常因已用抗生素治疗或培养基选择错误或培养时间不够）。

3. 真菌感染：随着免疫抑制剂、化疗药物、激素的应用，真菌感染仍应警惕，尤其是深部真菌感染，早期表现不典型，但病情进展快，病死率高，更应引起重视。

4. 引起 FUO：最常见的病毒是巨细胞病毒，25%患者发热超过 3 周。其次是 EB 病毒。近几年来 HIV 感染发病率明显升高。

5. 其他：寄生虫感染，沙门菌病等。

（二）可致发热的血液病

1. 溶血性贫血。

2. 恶性组织细胞增生症（恶组）。

3. 反应性噬血细胞综合征。

4. 淋巴瘤。

5. 急性非淋巴细胞白血病 M7 型。

（三）恶性肿瘤

肿瘤性疾病占 FUO 的 15%～20%，但最常见的是淋巴瘤和血液系统恶性肿瘤，实体瘤中以肾细胞癌最多见。

恶性肿瘤本身引起的发热和恶性肿瘤伴发感染所引起的发热。后者是指恶性肿瘤本身和治疗所致的机体免疫功能损伤，或免疫抑制所引发的机会感染所引起的 FUO。

引起 FUO 常见恶性肿瘤有：淋巴瘤、Hodgkin 病、非 Hodgkin 病、急性和慢性骨髓性白血病、急性淋巴细胞白血病、原发性或继发性肝癌、肺癌、肾细胞癌、甲状腺转移癌。

罕见引起 FUO 的恶性肿瘤为嗜铬细胞瘤。此外，心房黏液瘤和胃、小肠平滑肌瘤等是引起 FUO 的良性肿瘤。

通常不引起 FUO 的疾病：慢性淋巴细胞白血病，结肠、卵巢、前列腺、乳腺、直肠、胰腺（无转移）和大脑恶性肿瘤等。

临床上，大多数恶性肿瘤引起的 FUO 不超过 38～39℃，通常恶性肿瘤 FUO 无论是发热的幅度、热型，还是持续时限，均无鲜明的临床特征。

（四）结缔组织病长期发热的诊断

容易出现发热的结缔组织病有系统性红斑狼疮（SLE）、类风湿关节炎、成人型 Still 病、多发性肌炎、皮肌炎、系统性血管炎、干燥综合征，以及以痛风为代表的结晶性关节炎等。

当结缔组织病患者出现发热时，必须加以分析，从总体上说，有以下三种可能性：第一，发热是结缔组织病本身的一种临床表现，第二，结缔组织病并发微生物感染，第三，合并其他疾病而引起的发热。多数弥漫性结缔组织病属于自身免疫病，这类患者由于一系列免疫异常反应而产生 IL-1、IL-6、TNF-α 等炎症介质。这些炎症介质具有致热原性，可以引起发热。除发热外，还出现乏力、体重减轻、食欲下降等多种周身症状，以及周围血细胞减少。如，有无关节痛、肌肉疼痛、口腔溃疡、脱发、皮疹等结缔组织病比较常见的临床表现。在体格检查时，要观察有无皮疹、皮肤红斑、皮下结节、淋巴结肿大、关节红肿、肝脾增大、胸腔或腹腔积液等体征。实验室检查时须注意有无贫血、白细胞和血小板减少、尿蛋白或显微镜血尿、血浆免疫球蛋白含量、蛋白电泳、血沉等。更需进行一些免疫学指标的测定，如抗核抗体及可提取性核抗原抗体、补体含量等。

（五）内分泌疾病伴有发热的病因诊断方法

1. 下丘脑综合征：下丘脑综合征发热一般为低热，一天之中体温多变，高热时肢体冰冷，而且对一般退热药无效。必联系下丘脑的生理功能，结合有关下丘脑靶腺反馈机制，头颅 CT 和磁共振等影像学特征作出诊断。

2. 甲状腺疾病。

3. 肾上腺疾病：常有发热症状者为嗜铬细胞瘤。

4. 痛风性关节炎。

5. 更年期症候群。

6. 妇女于妊娠前 3 个月基础体温可升高，可持续出现低热。

7. 糖尿病伴感染。

（六）中枢性发热

1. 体温调节中枢及其功能障碍：一般认为体温

调节中枢主要位于下丘脑的前部和视前区（preoptic and anterior hypothalamic areas，POAH）。POAH 有两种温度敏感神经元，即热敏神经元和冷敏神经元，并以热敏神经元为主。这些神经元能感受其周围血液温度的变化和接受来自皮肤及内脏感受器的信息。其他部位如下丘脑后部、延髓和中脑网状结构及脊髓也有少量温度敏感神经元，并向 POAH 传递信息。POAH 也具有体温信息整合的作用，建立调定点，并通过产热和散热机制实现体温调节。产热由寒战和非寒战（主要在新生儿）机制而实现，散热则由皮肤血管扩张和出汗而完成。

2. 中枢性发热的临床特点

（1）突然高热，体温可直线上升，达 40～41℃，持续高热数小时至数天直至死亡；或体温突然下降至正常。

（2）躯干温度高，肢体温度次之，双侧温度可不对称。

（3）虽然高热，但中毒症状不明显，不伴发抖。

（4）无颜面及躯体皮肤潮红等反应，相反可表现为全身皮肤干燥、发汗减少、四肢发凉。

（5）一般不伴有随体温升高而出现的脉搏和呼吸增快。

（6）无感染证据，一般不伴有白细胞增高，或总数虽高，分类无变化。

（7）因体温整合功能障碍，故体温易随外界温度变化而波动。

（8）高热时用抗生素及解热剂（如阿司匹林等）一般无效，但用氯丙嗪及冷敷可有效。

3. 引起中枢性发热的主要疾病及病变：脑血管病、脑外伤和癫痫急性脑积水、酒精戒断、颈段或上胸段病变周期性高热综合征、恶性高热神经安定剂恶性综合征。

（七）功能性低热

1. 功能性低热中，首先是感染后低热，在其前往往有细菌，病毒，衣原体，支原体，原虫等感染，特别多见于病毒感染后。为持续性低热，常伴有疲乏无力，食欲减退，而体征和辅助检查未见异常。

2. 手术后低热：手术后可以有术后吸收热，一般在术后6～8小时开始发热，持续3～5天可自行缓解。

3. 在功能性低热中神经功能性低热占有重要位置，多见于青年女性，为一种原发性低热，其临床特点一般不超过38℃。

4. 其他：习惯性低热等。

六、诊断性治疗

如发热患者以各项检查仍未确诊，必要性可按照临床高度怀疑的疾病进行相应的诊断性治疗，但是只有符合下列 2 种情况之一才采用诊断性治疗：

1. 首先应用于可能有高度危险而必须紧急治疗的疾病，例如败血症、感染性心内膜炎、恶性疟疾等。

2. 高度怀疑为某种疾病但暂又无明确依据，可使用对该病原体有特效而对其他病原体无效，且短期使用即可见效的药物，如结核病、疟疾、阿米巴痢疾、血吸虫病、肺吸虫等寄生虫感染。

低热和中度发热一般不作特殊对症处理，即使高热患者亦不要轻易应用退热剂，以免改变其热型或掩盖其临床表现对诊治造成困难。退热方式首选物理降温，包括降低室温、醇浴、冰敷或冰盐水灌肠，可单独采用也可联合应用。下列情况应作紧急降温，可选用退热剂甚至亚冬眠疗法：①体温＞40℃；②高热伴昏迷、抽搐、谵妄以及呼吸困难；③高热伴休克或心功能不全；④高热中暑；⑤物理降温无效的高热；⑥婴幼儿退热指征宜放宽。

【见习方法】

1. 以临床病例讨论方式进行，学生做好预习。询问病史、做好体格检查。

2. 教师提供有关化验资料，在教师指导下进行讨论。

第四部分

黄 疸 待 查

【目的要求】

1. 掌握原因不明的黄疸病人病史资料收集，体检要点及诊断分析方法。

2. 掌握有关黄疸的实验室检查的分析方法。

3. 掌握三类黄疸的鉴别要点。

【见习内容】

一、定　　义

由于血清中胆红素升高致使皮肤、黏膜和巩膜发黄的症状和体征。

隐性黄疸：胆红素在 17.1～34.2μmol/L，肉眼不易察觉。

正常值：总胆红素（TB）≤17.1μmol/L；结合胆红素（CB）0～3.42μmol/L；非结合胆红素（UCB）1.7～13.68μmol/L。

胆红素的来源：

（1）血液中衰老的红细胞（80%～85%）。

（2）骨髓中幼稚红细胞的血红蛋白。

（3）肝内含亚铁血红素的蛋白质。

二、分 类

（一）按病因分类

1. 溶血性黄疸。

2. 肝细胞性黄疸。

3. 胆汁淤积性黄疸（阻塞性黄疸）。

4. 先天性非溶血性黄疸。

（二）按胆红素性质分类

1. 以 UCB 增高为主的黄疸。

2. 以 CB 增高为主的黄疸。

三、病因、发生机制和临床表现

（一）溶血性黄疸

1. 病因

（1）先天性溶血性贫血（地中海贫血、遗传球红细胞增多症）。

（2）后天获得性溶血性贫血（输血、蚕豆病）。

2. 临床表现

（1）黄疸为轻度，呈浅柠檬色，不伴皮肤瘙痒。

（2）急性溶血可有发热、寒战、头痛、呕吐、腰痛，并有不同程度的贫血和血红蛋白尿（酱油或茶色）。严重者可有急性肾衰竭。

（3）慢性溶血多为先天性，除贫血外有脾大。

3. 实验室检查

（1）血清 TB 增加，以 UCB 为主，CB 基本正常。

（2）尿中尿胆原增加，而无胆红素。

（3）血红蛋白降低，网织 RBC 增加，骨髓红细胞系增生活跃。

（二）肝细胞性黄疸

1. 病因：各种使肝细胞广泛损害的疾病均可发生黄疸，如病毒性肝炎、肝硬化、中毒性肝炎、钩端螺旋体病、败血症等。

2. 临床表现：皮肤、黏膜浅黄至深黄，伴有皮肤瘙痒，肝脏原发病的表现。

3. 实验室检查

（1）血中 UCB 与 CB 均增加。

（2）尿胆红素阳性，尿胆原增加。

（3）不同程度的肝功能损害。

（三）胆汁淤积性黄疸

1. 病因：胆汁淤积。

（1）肝外性——胆总管狭窄、结石、炎性水肿、肿瘤、蛔虫。

（2）肝内性——肝内阻塞性胆汁淤积；肝内胆汁淤积。

2. 临床表现：皮肤呈暗黄色或黄绿色，有皮肤瘙痒，粪便颜色变浅或呈白陶土色。

3. 实验室检查

（1）血清 CB 增加。

（2）尿胆红素实验阳性，尿胆原及粪胆原减少或缺如。

（3）血清碱性磷酸酶及总胆固醇增高。

四、先天性非溶血性黄疸

肝细胞对胆红素的摄取、结合和排泄缺陷所致，临床少见。

1. Gilbert 综合征：胆红素的摄取、结合障碍。UCB 增高，症状少，预后好。

2. Crigler-Najjar 综合征：胆红素的结合障碍，UCB 增高明显，可产生新生儿黄疸，预后极差。

3. Rotor 综合征：胆红素的摄取、排泄障碍。UCB、CB 均增高，预后好。

4. Dubin-Johnson 综合征：胆红素的排泄障碍。CB 增加。

五、三种黄疸鉴别

从病因、临床表现、实验室方面熟悉三种黄疸的鉴别。

六、问 诊 要 点

1. 确定有无黄疸：应在自然光下进行。

2. 起病情况。

3. 伴随症状：发热、腹痛、黄疸（夏科三联症）——胆道疾病。厌食、恶心、腹痛、消化不良——肝细胞性黄疸。

4. 黄疸的时间与波动情况。

5. 黄疸对全身健康的影响。

【见习方法】

首先学生对典型黄疸病人进行详细的病史询问及体格检查，然后在老师指导下进行讨论、总结。

1. 病史收集与查体要点（由学生采集） 在床旁对病人进行详细的病史询问，其重点内容包括：起病时间，其他伴随症状，如发热（注意热程）、厌油、食欲减退、恶心呕吐、腹胀、腹痛、腹泻、黄疸出现时间及变化情况，特别注意与黄疸鉴别有关的重要资料，如饮食情况，特殊用药史及毒物接触史，腹痛的部位、性质、有无灰白色大便史及酱油样小便、皮肤瘙痒等有关既往史、输血史。体格检查需详细全面、特别是注意黄疸的深浅，病人的一般情况及体貌特征。是否有计算力、定向力障碍。扑翼样震颤、腹部情况、肝脏大小、质地、脾脏大小、质地、腹水征、腹膜刺激征等。

2. 通过学生思考，提出问题与要求，再由带教老师给实验室资料。

3. 通过课堂讨论（参考下列思考题），学生必须掌握黄疸待查的临床思维方式。

【思考题】

1. 怎么样区分阻塞性、肝细胞性及溶血性黄疸?

2. 本病例有何临床特点，应考虑哪些可能的诊断?

[病例摘要]

男性，35 岁，因发热、食欲减退、恶心 2 周，皮肤黄染 1 周来诊。

患者 2 周前无明显诱因发热达 38℃，无发冷和寒战，不咳嗽，但感全身不适、乏力、食欲减退、恶心、右上腹部不适，偶尔呕吐，曾按上感和胃病治疗无好转。1 周前皮肤出现黄染，尿色较黄，无皮肤瘙痒，大便正常，睡眠稍差，体重无明显变化。既往体健，无肝炎和胆石症史，无药物过敏史，无输血史，无疫区接触史。

查体：T37.5℃，P 80 次/分，R 20 次/分，BP 120/75mmHg，皮肤略黄，无出血点，浅表淋巴结未触及，巩膜黄染，咽（–），心肺（–），腹平软，肝肋下 2cm，质软，轻压痛和叩击痛，脾侧位刚及，腹水征（–），下肢不肿。

化验：血 Hb 126g/L，WBC 5.2×10^9/L，N 0.65，L 0.30，M 0.05，PLT 200×10^9/L，网织红细胞 0.01，尿蛋白（–），尿胆红素（+），尿胆原（+），大便颜色加深，隐血（–）。

一、诊断及诊断依据

（一）诊断

黄疸原因待查：急性黄疸型肝炎可能性大。

（二）诊断依据

1. 发热、全身不适、乏力、食欲减退、恶心呕吐、右上腹不适等黄疸前期表现，1 周后出现黄疸。

2. 查体发现皮肤、巩膜黄染，肝脾肿大，肝区有压痛和叩击痛。

3. 验尿：胆红素及尿胆原均阳性。

二、鉴 别 诊 断

1. 鉴别黄疸型肝炎的类型。

2. 溶血性黄疸。

3. 肝外阻塞性黄疸。

三、进一步检查

1. 肝功能（包括血胆红素）。

2. 肝炎病毒学指标。

3. 腹部 B 超。

第五部分

败　血　症

【目的要求】

1. 掌握败血症的临床表现、实验室检查、诊断、鉴别诊断及治疗。

2. 了解败血症的病原学、发病机理、病理解剖、预后及预防。

【见习内容】

一、概　　念

败血症、菌血症、脓毒血症、全身炎症反应综合征、毒血症。

二、病　原　学

革兰阳性球菌：葡萄球菌、肠球菌、链球菌、肺炎球菌。

革兰阴性细菌：大肠杆菌、肺炎克雷伯杆菌、假单孢菌属、阴沟肠杆菌、黏质沙雷菌、变形杆菌、不动杆菌。

厌氧菌：脆弱类杆菌、梭状芽孢杆菌及消化链球菌。

真菌：白色念珠菌，曲菌、隐球菌。

其他如致病力较低的条件致病菌，如李斯特菌、分枝杆菌等。

三、发 病 机 制

1. 入侵途径与感染的病原菌

（1）金黄色葡萄球菌：静脉导管、皮肤软组织、肺部等。

（2）大肠杆菌：泌尿生殖道、肠道、胆道。

（3）厌氧菌：盆腔、腹腔。

（4）真菌：肠道、肺部。

2. 人体因素

（1）各种原因引起的中性粒细胞减少或缺乏。

（2）化疗、放疗、激素的使用。

（3）侵入性操作及导管留置。

（4）严重的基础疾病的存在。

3. 细菌的因素

（1）革兰阳性球菌：如金黄色葡萄球菌可产生血浆凝固酶、溶血素、杀白细胞素、DNA 分解酶、肠毒素等多种酶及毒素，有助于细菌生长繁殖和扩散。

（2）革兰阴性细菌：产生的内毒素能损伤心肌及血管内皮、激活内源性凝血系统，促使血管活性物质的释放，导致微缩环障碍，感染性休克及 DIC。

（3）肺炎杆菌、脆弱类杆菌：因具有荚膜，可抑制人体的吞噬功能、拮抗体液中杀菌物质的吞噬功能。

四、临 床 表 现

（一）败血症的主要临床表现

1. 原发炎症。
2. 毒血症状。
3. 皮疹。
4. 关节症状。
5. 肝脾肿大。
6. 迁徙性损害。
7. 感染性休克。

（二）不同致病菌败血症的临床特点

1. 金葡菌败血症：病前健康，有皮肤化脓病灶，以皮疹及迁徙病灶多见。

2. 革兰阴性杆菌败血症：有基础病存在，早期出现休克，白细胞总数增高或正常，但中性粒细胞形，鲎试验（+）。

3. 厌氧菌败血症：有基础病存在，10%～40%出现黄疸，易发生迁徙性病灶及血栓性静脉炎，原发病灶为女性生殖道及腹腔。

4. 真菌败血症：多为院内感染，免疫功能低下者、疾病晚期及使用激素，广谱抗生素者临床症状多为原发疾病表现所掩盖。

5. L 型细菌败血症：革兰阳性球菌多见，具有原型细菌感染的特点：反复发热，常用抗菌药物治疗无效或症状好转后又恶化或停用抗生素后又发热，白细胞总数不高，感染慢性化。

6. 新生儿败血症：多由未愈合的脐带、皮肤黏膜感染处侵入临床表现隐匿，仅半数患者发热，常表现为精神萎靡、拒奶、呕吐、腹泻、烦躁不安、哭声低微、体重不增、黄疸（1/3）及肝脾大。

7. 老年人败血症：常发生在肺心病、胆石症、糖尿病、血液病、前列腺肥大等疾病基础上，致病菌以革兰阴性杆菌及葡萄球菌多见，临床症状多不典型，热型不规则，易发生休克及多脏器功能损害，预后严重。

8. 烧伤后败血症：发生概率和程度与创面大小及严重程度呈正比，致病菌：金葡菌、铜绿假单胞菌等，复数菌感染多见，毒血症症状重，过高热或体温不升、感染性休克、中毒性心肌炎、中毒性肝炎及中毒性肠麻痹等。

9. 院内感染败血症：近年来发病率明显增加，严重的基础疾病，部分为医源性感染，致病菌：大肠杆菌、肺炎杆菌、金葡菌和铜绿假单胞菌等，病情重，致病菌多有耐药性，治疗效果差。

五、实验室检查

1. 血常规 WBC↑→N↑。

2. 血液、骨髓细菌培养及注意事项。

（1）凡需做血液培养的患者，最好在不同的时间抽血三次。

（2）应在病人发热初期或发热高峰使用抗生素之前抽血，对已经使用过抗生素的患者应在下一次用药前抽取血标本。

（3）血液培养瓶根据临床需要可供选择的有：普通培养瓶、中和抗生素瓶、厌氧菌培养瓶及儿童专用培养瓶。

（4）一旦血液注入血培养瓶后，严禁放入冰箱。

（5）心包液、胸腔液、腹腔液、骨髓、脑脊液以及浆膜腔积液均可用血液培养瓶增菌。

3. 鲎溶解物试验：G^-菌败血症为（+）。

4. 细菌涂片。

六、诊断与鉴别诊断

1. 临床表现：败血症可能——急性发热、WBC↑，无局限某一系统的急性感染高度可能——新近感染病灶、局限性感染经有效抗菌素治疗体温仍未控制诊断基本成立——皮疹、肝脾肿大，迁徙性脓肿确诊——血培养、骨髓培养阳性。

2. 鉴别诊断（部分在伤寒章节中讲述）

变应性亚败血症。

大叶性肺炎。

七、治　疗

1. 抗生素及常用抗菌药物治疗

抗菌药物应用原则：①针对性用药，及时应用针对性强的抗菌药物是治疗败血症的关键，结合临床表现及前期治疗反应予以调整。②联合用药，对病情危重者宜选取两种抗菌药物联合应用（三联或四联应用的必要性不大）。③足量足疗程用药，致病菌应是杀灭，而不是一时抑制，故抗菌药物的使用应足量，开始时剂量应偏大，分次静脉点滴投予，疗效宜长，一般 3 周以上，或在体温正常，症状消失后，再继续用药 7～10 天。有迁徙性病灶者，除局部治疗外，全身用药也应酌情延长。

2. 非抗生素治疗：激素的合理使用等。

3. 支持治疗：在应用特效抗菌治疗的同时，还需注意补充各种维生素，能量合剂，甚至小量多次给予人血白蛋白（白蛋白）、血浆或新鲜全血以补充机体消耗、供给能量、加强营养、支持器官功能，及时纠正水与电解质紊乱，保持酸碱平衡，维持内环境稳定。

八、抗菌药物的药物的选择

诊断基本明确，病原菌短期无法查明，可据患者年龄、原发灶性质、机体免疫状况、细菌入侵途径及流行病学资料初步估计病原菌种类，选用适当的抗菌药物。

皮肤感染或疖肿挤压史或出现脓疱疹时，应疑金葡菌感染，皮肤创面出现中心坏疽性皮疹，粒细胞减少者要考虑铜绿假单胞菌败血症。

1. 金葡菌（MRSA、MRSE）：首选万古霉素，

2. 表葡菌：首选万古霉素。

3. 革兰阴性杆菌：头孢三代抗菌素+氨基糖甙类抗菌素等。

4. 铜绿假单胞菌：可用第三代头孢菌素类如头孢哌酮或头孢他啶，或碳青霉烯类如亚胺培南/西司他丁或美罗培南或比阿培南，或氟喹诺酮类如环丙沙星等。

5. 产 ESBLs 肠杆菌：首选碳青霉烯类。

6. 厌氧菌：克林霉素、甲硝唑、林可霉素，克林霉素为首选。

7. 真菌首选两性霉素 B，其次氟康唑。

【见习方法】

1. 以临床病例讨论方式进行，学生做好预习。询问病史、做好体格检查。

2. 教师提供有关化验资料，在教师指导下进行讨论。

第六部分
新发传染病

【目的要求】

1. 掌握新发传染病的概念。

2. 了解新发传染病的特点和流行态势。

【见习内容】

自20世纪70年代起至90年代的近30多年间，新出现和复出的传染病至少有 40 种，许多传染病威胁着世界 1/2 的人口。因防治措施未得到有效实施，一些已经绝迹或正在消除的传染病，如霍乱、疟疾和肺结核病等在世界许多地方死灰复燃。艾滋病、埃博拉出血热等易传染疾病的出现对人类构成新威胁。与此同时，由于病菌逐渐产生抗药性，许多防治传染病的抗生素在失去疗效，几种常用的治疗肺炎的药品因疗效锐减而被淘汰。这种局面之所以令人担忧，还因为新药很少，无法填补失效药物留下的空白。

传染病不再仅仅是一个健康问题，而已成为一个社会问题，对世界所产生的后果难以估量，任何一个国家都不是绝对安全的，任何人都不能再对这一威胁熟视无睹。进入 21 世纪以来，新发传染病的不断出现给人类带来了新的严重威胁，近 30 年来全球约出现新发传染病 40 多种，并以每年新发 1

种的态势发展，其传播范围广、传播速度快、社会危害影响大，已经成为全球公共卫生中的重点和热点领域。

一、新发传染病的概念及流行态势

新发传染病(emerging infectious diseases, EID)是相对于过去所认知的旧传染病而言的，是指近 30 年来，人们新认识或新发现的那些能造成地域性或国际公共卫生问题的传染病。一般将 1970 年以来发现或认识的人类传染病纳入其中。按照其历史认识过程可以分为三类：①已存在的被认定为非传染病而又被重新定义为传染病，如消化性溃疡、T 细胞白血病、手足口病等。②已存在的近代才被认知的传染病，如丙型和戊型病毒性肝炎(HCV、HEV)、军团菌病、莱姆病等。③以往不存在，新发生的传染病，如甲型 H1N1 流感、严重急性呼吸系统综合征(SARS，我国又称之为“传染性非典型肺炎”)、艾滋病（ AIDS ）等。

近 30 年来新发 40 多种传染病，中国新发 20 多种。中国目前传染病的流行形势严峻，表现为一些基本控制的传染病重燃、新传染病不断流入及已存在流行的新传染病未被认知等。目前流行于中国的新发传染病包括：艾滋病、肠出血性大肠埃希菌

0157：H7 感染、0139 霍乱、军团菌病、空肠弯曲菌腹泻、莱姆病、单核细胞李斯特菌引起的食物中毒、小肠结肠炎耶尔森菌感染、汉坦病毒肾综合征出血热、新型肝炎、肺炎衣原体感染、小隐孢子虫感染腹泻、汉赛巴通体感染的猫抓病、禽流感、SARS、甲型 H1N1 流感等。国外有报道，在中国还没有发现的新发传染病有人类克雅病、埃博拉出血热、立克病毒脑炎、拉沙热、裂谷热、埃立克体感染等。

目前社会和环境因素的巨大变化如全球一体化、生态环境改变、人口增长、城市化及人口流动、不良的行为方式等促进了新发传染病的不断出现和扩散；随着科学技术的进步，对新发传染病及病原体的认识和识别能力提高，使新发传染病在全球的不断爆发流行成为可能。

二、新发传染病出现的机制和影响因素

不同新发传染病来源不同，影响其发生及出现的原因众多，影响因素复杂多样，且往往是在特定条件下促成其发生或流行。新发传染病出现的内在原因是源于出现新的致病微生物、发现新的病原微生物、来自动物的病原微生物、病原微生物致病性改变等。

（一）新发传染病出现的机制

1. 新的疾病产生的可能机制：病原体发生了变异，由以前未知的病原体、先前与人类疾病无关的病原体或病原体自身发生了遗传变异产生了新种或新型病原体，这些致病微生物首次/重新感染人类引发了新的传染病。

2. 新病原体进化机制：不同种类微生物病原体的自然进化机制各异，通过微生物自身进化使得它们能够适应新的宿主细胞或找到新的物种作为寄主，产生新的毒素、破坏或逃避机体免疫、抑制炎性和免疫反应、产生对药物的抵抗力等。常见的病原体进化机制有点突变、分子内重组、基因配伍、重组突变、超突变、缺失突变、基因重排等。病原体的变异不断产生，而由于病原体繁殖很快，基因交换能力也很强，产生新的毒株也快。

3. 宿主调节机制：由于RNA病毒在复制期间没有纠错功能，使RNA病毒的突变发生率非常高，在宿主免疫反应系统或不寻常的选择性压力如宿主改变时，发生突变以继续生存，从而导致新病毒的出现。比较有代表性的病毒是流行性感冒病毒，流感病毒面对大量有免疫力的人群选择压力，只有通过不同程度的基因突变（或抗原漂移）才能生存，这种过程不断发生，导致流感经常出现地区性流行。细菌之所以引起疾病是因为其有毒力因子，毒力因子常见的有毒素、酶、克隆因子、细菌素、溶血素和细胞侵入及抗药性因子等。每一种细菌可拥有不止一种毒力因子。细菌间的毒力因子各不相同，通过质粒在受体细菌间转移，达到基因移动的目的，这是细菌应对环境变化的重要方式。人类正常细胞基因自我调节机制被动物病原体基因干扰而失控时，也导致人体基因内不同部位的密码子突变而致病，如朊病毒所致的人克雅病。

（二）影响新发传染病出现的主要因素

除了病原体和宿主本身的原因之外，许多因素也影响新发传染病发生进程。影响新发传染病发生和出现的因素多样复杂。

1. 自然因素：动物性传染病在自然界自然循环，当气候条件发生改变时，可能影响传染病的进化和传播。

温度和湿度是疾病传播最重要的因素。蚊媒传播疾病的发生对气候变化敏感，气候的改变常常会导致媒介地理分布（如孳生地、水源、植被等）和数量（成熟周期、叮咬率、生存率等）的改变，影响病原体繁殖和传播，而影响疾病的发生及播散。

许多重要传染病的发生主要取决于媒介对外部的气温和湿度的敏感性。如厄尔尼诺现象产生的气候变化，可能是登革热扩散的主要因素。气候变化引起海水温度和海平面升高可能使水源性传染病发生率升高。气候变化所致的人口迁移和对卫生设施破坏能间接影响疾病传播。恶劣气候对农业影响所致的营养不良，以及紫外线辐射增加对人体免疫系统的潜在改变，可能使人体对传染病的易感性进一步增加。

2. 社会因素：新发传染病的发生和出现还与社会因素有关。随着人类社会发展，如人口快速增长、城市化大规模移民、战争和地区冲突、抗生素滥用等，大大促进了新病原体出现和传播的速度。

（1）人口快速流动：人口增长和日益加快的城市化进程致使数亿人居住环境卫生恶化，疾病随着人口的增长以及人们向拥挤的城市迁移而肆虐。容易在人群中传播的疾病如流感都容易在城市中流行。贫穷、战争和自然灾害引起的大规模人口迁徙，并使许多人得不到最基本的医疗服务和药物，造成传染病传播流行；而已有医疗卫生体系不足，会使一些已经得到控制的传染病死灰复燃。

（2）药物滥用：由于抗生素等各种药物的滥用，导致病菌很容易产生抗药性，病原微生物的生命周期短，发育迅速，容易通过交换或突变产生新的基因，抗药性通过遗传不断积累，而大量产生具有抗药性的新耐药菌株。耐药谱越来越广，具有抗药性的病菌很容易蔓延，也增加了疾病控制的难度。新中国成立初期，结核病曾得到有效控制，近 10 年来发病率显著上升的主要原因是出现了耐药菌株。

（3）科技飞速发展：人口快速增长导致人口密度增加、结构变化、大量流动和城市化，加剧了传染病发生、传播和蔓延。科学技术的进步、医疗手段的提高，新的医疗设备、动物器官移植、免疫抑制剂等广泛使用，也加速了病毒、细菌等病原体的扩散、变异和进化，出现一系列新的致命新病原体感染传播。

3. 经济活动：人类所从事的各种经济活动，如农业开发、伐木造林和工业化生产，会增加与野生动物接触的机会，也带来气候、洪水、干旱等环境的改变，对新发传染病的发生产生重要影响。

（1）自然资源过度开发：野生动物是自然疫源地病原体的天然储藏库，这些原本存在于动物体内的病原体并在动物之间传播的传染病与人类和平共处，互不干扰。人类生产、开发行为使人类与自然界尤其是动物宿主与媒介宿主接触机会更为密切，一些野生动物身上的病原体不断传播到人间，导致一些原存在于自然界中不为人所知的疾病感染人类的机会大增，人类进入自然疫源地被感染后，又向更大区域传播。病原体从一个物种转移到另一个物种，往往导致一种新的传染病流行。开发自然资源、兴建水利等可能促使环境变化，导致病原体生存环境、媒介孳生环境显著改变而导致疾病传播、扩散。

（2）全球贸易快速发展：贸易全球化使物流全球化，交通发达使海空运量大幅增加，沾染、污染或夹带了致病微生物、传播宿主的商品货物在全球范围内快速流动，有可能让某些传染病迅速传播，发生新的疫情。

4. 生活方式的改变：影响新发传染病发生的复杂因素中，人类本身生活方式的改变，如生活电器化、性乱行为、吸毒、猎食野生动物、个人卫生习惯、国际旅行、户外探险等行为对于传染病向新的人群传播扮演着重要角色。

当代正处于一个全球化加速发展的时代，世界各国的距离越来越短，人与人的距离越来越近，经济全球化预示着新发传染病的全球化；随着人类对自然开发不断扩大，自然环境、人口特征与行为方式不断变化，科学技术快速进步等，一方面促进了微生物的遗传变异，加速了新的、耐药的、高致病性的病原株的出现，同时也加速了原本存在于自然环境中的传染病源传播人类的机会。尤其严重的是生物恐怖和实验室对微生物基因改造等人为选择性制造的新的致病微生物，使新的病原出现的危险性更大，而不断发生的人为生物恐怖和实验室泄漏事件使新的高致病性病原体的传播危险进一步加大，是发生新突发传染病的最危险因素。在这种背景下，我国在短期内出现大范围暴发流行新发传染病的几率显著增加，在人与病原体之间的“军备竞赛”将不断升级，这必将对我国的公共卫生、经济发展和国家安全带来新的挑战。

三、新发传染病的流行特点

（一）人畜共患性

人畜共患病（zoonosis）是指脊椎动物与人类之间自然传播的感染疾病。它可由病毒、细菌、衣原体、立克次体、支原体、螺旋体、真菌、原虫和蠕虫等病原体引起。据 WHO 统计，来自野生动物的新发人畜共患病（emerging zoonosis）发生率也随着时间推移上升，在 1990～2000 年发生的例数占过去 60 年总数 52.0%。特别是近期暴发流行的急性呼吸窘迫综合征（SARS）和人高致病性禽流感（AIV），提醒我们，野生动物源性传染性人兽共患病作为新发传染病已经成为威胁人类健康的重要因素。对人类造成了巨大的全球负担。

（二）细菌及病毒为主导病原体

分析发现，54. 3%的新发传染病为细菌及发疹伤寒等的病原体引起；对近 30 年新发的 14 种病毒性传染病进行了归纳和分析。细菌及病毒基因突变的可能加大及速度加快使得新发病原体不断增加，新发传染病的流行成为可能。

（三）传播速度快，流行范围广

AIDS 自 1981 年发现首例病例以来，至 2006 年 5 月已覆盖全球 200 多个国家，感染人数达 6500 万人，累计死亡 2500 万人，其中以非洲最为严重。SARS、人禽流感及甲型 H1N1 流感均在较短时间内形成了全球大流行。

（四）不确定性

由于对新发传染病的传播规律认识不足，而且缺乏基线资料评估，因此在对其流行趋势进行判断以及采取控制措施方面存在一定的不确定性。例如，在我国报告的传染病疫情中，约 60%因没有病原学证据，而被定义为不明原因疾病。

四、几种常见的新发传染病

（一）艾滋病

见传染病学教材第三章第十五节。

（二）严重急性呼吸综合征

见传染病学教材第三章第十六节。

（三）人禽流感

见传染病学教材第三章第五节。

（四）手足口病

手足口病（hand-foot-mouth disease，HFMD）是由多种人肠道病毒引起的一种儿童常见传染病，是我国法定报告管理的丙类传染病。大多数患者症状轻微，以发热和手、足、口腔等部位的皮疹或疱疹为主要症状。少数患者可出现无菌性脑膜炎、脑炎、急性弛缓性麻痹、神经源性肺水肿和心肌炎等，个别重症患儿病情进展快，可导致死亡。

1. 病原学：引起手足口病的病毒属于小 RNA 病毒科肠道病毒属，包括柯萨奇病毒 A 组（Coxasckie virus A，CVA）的 2、4、5、7、9、10、16 型等，B 组（Coxasckie virus B，CVB）的 1、2、3、4、5 型等；肠道病毒 71 型（human Enterovirus 71，EV71）；埃可病毒（Echovirus，ECHO）等。其中以 EV71 及 CVA16 型较为常见。

肠道病毒适合在湿、热的环境下生存与传播，75%乙醇溶液和 5%来苏不能将其灭活，对乙醚、去氯胆酸盐等不敏感；对紫外线和干燥敏感，各种氧化剂（高锰酸钾、漂白粉等）、甲醛、碘酒以及

56℃30 分钟可以灭活病毒。病毒在 4℃可存活 1 年，–20℃可长期保存，在外环境中可长期存活。

2. 流行病学

（1）传染源：人是人肠道病毒的唯一宿主，患者和隐性感染者均为本病的传染源，隐性感染者难以鉴别和发现。发病前数天，感染者咽部与粪便就可检出病毒，通常以发病后一周内传染性最强。

（2）传播途径：肠道病毒可经胃肠道（粪-口途径）传播，也可经呼吸道（飞沫、咳嗽、打喷嚏等）传播，亦可因接触患者口鼻分泌物、皮肤或黏膜疱疹液及被污染的手及物品等造成传播。尚不能明确是否可经水或食物传播。

（3）易感性：人对人肠道病毒普遍易感。不同年龄组均可感染发病，以 5 岁及以下儿童为主，尤以 3 岁及以下儿童发病率最高。显性感染和隐性感染后均可获得特异性免疫力，产生的中和抗体可在体内存留较长时间，对同血清型病毒产生比较牢固的免疫力，但不同血清型间鲜有交叉免疫。

（4）流行特征：该病流行无明显的地区性，全年均可发生，一般 5～7 月为发病高峰。托幼机构等易感人群集中单位可发生暴发。肠道病毒传染性强、隐性感染比例大、传播途径复杂、传播速度快，控制难度大，容易出现暴发和短时间内较大范围流行。

3. 临床表现：手足口病潜伏期为 2～10 天，平均 3～5 天，病程一般为 7～10 天。

急性起病，发热，口腔黏膜出现散在疱疹，手、足和臀部出现斑丘疹、疱疹，疱疹周围可有炎性红晕，疱内液体较少。可伴有咳嗽、流涕、食欲缺乏等症状。部分患者无发热，仅表现为皮疹或疱疹。一般预后良好；少数病例，特别是 EV71 感染患儿，可出现脑膜炎、脑炎、脑脊髓炎、神经源性肺水肿、循环障碍等，病情凶险，可致死亡或留有后遗症。

4. 实验室检查

（1）血常规：一般病例白细胞计数正常，重症病例白细胞计数可明显升高。

（2）生化检查：部分病例可有轻度 ALT、AST、CK-MB 升高，重症病例血糖可升高。

（3）脑脊液检查（神经系统受累时）：外观清亮，压力增高，白细胞增多，蛋白正常或轻度增多，糖和氯化物正常。

（4）胸片：可表现为双肺纹理增多，网格状、点片状、大片状阴影，部分病例以单侧为著，快速进展为双侧大片阴影。

（5）磁共振：以脑干、脊髓灰质损害为主。

（6）脑电图：部分病例可表现为弥漫性慢波，少数可出现棘（尖）慢波。

（7）心电图：无特异性改变。可见窦性心动过速或过缓，ST 段改变。

5. 诊断

（1）临床诊断

在流行季节发病，常见于学龄前儿童，婴幼儿多见。

1）普通病例：发热伴手、足、口、臀部皮疹，部分病例可无发热。

2）重症病例：出现神经系统受累、呼吸及循环功能障碍等表现，实验室检查可有外周血白细胞增高、脑脊液异常、血糖增高，脑电图、脑脊髓磁共振、胸部 X 线、超声心动图检查可有异常。极少数重症病例皮疹不典型，临床诊断困难，需结合实验室检测做出诊断。若无皮疹，临床不宜诊断为手足口病。

（2）实验室确诊

临床诊断病例符合下列条件之一者，即可诊断为实验室确诊病例：

1）自咽拭子或咽喉洗液、粪便或肛拭子、脑脊液、疱疹液、血清以及脑、肺、脾、淋巴结等组织标本中分离到人肠道病毒（指包括 CVA16 和 EV71 等有明确证据表明可以导致手足口病的人肠道病毒）。

2）自咽拭子或咽喉洗液、粪便或肛拭子等标本中检测到 CVA16 或 EV71 特异性核酸，或从脑脊液、疱疹液、血清以及脑、肺、脾、淋巴结等组织标本等标本中检测到人肠道病毒（指包括 CVA16 和 EV71 等有明确证据表明可以导致手足口病的人肠道病毒）的特异性核酸。

3）血清标本人肠道病毒型特异性中和抗体滴度≥1∶256，或急性期与恢复期血清肠道病毒特异性中和抗体有 4 倍或 4 倍以上的升高。

6. 鉴别诊断

（1）水痘：向心性分布，以头、面、胸、背为主，随后向四肢蔓延；斑疹、丘疹、疱疹、结痂疹可同时存在。

（2）单纯疱疹：多分布在颊黏膜、舌及牙龈，继发感染常见于口唇、眼睑、鼻周，为粟粒状水疱，没有其他部位的皮损。

7. 治疗：目前无特异性治疗方法，以支持疗法为主，早发现、早治疗最为关键，绝大多数患者可自愈。

（1）严密监测生命指征、瞳孔、浅反射、末梢循环/毛细血管再充盈情况，有条件的可开展中心静脉压测定（CVP）、动态血压（ABP）监测，还应动态监测白细胞计数、血糖、血气分析和血电解质、胸片/MRI 等。

（2）按临床表现分为 4 个阶段进行治疗。

1）手足口病期：注意隔离，避免交叉感染，适当休息，清淡饮食，做好口腔和皮肤护理。发热、呕吐、腹泻等给予相应对症治疗。可适当选用利巴韦林等抗病毒治疗。

2）神经系统受累阶段：该阶段患者出现神经系统症状或体征，如头痛、呕吐、精神差、易激惹、嗜睡、肢体无力、共济失调、肌阵挛、抽搐或急性迟缓性麻痹等。

控制颅内高压：液体限制入量：60～80ml/（kg·d），但初期常似有容量不足，可扩容试验，第一天常有入量大于出量。20%甘露醇：0.5～1.0 克/（千克·次），每 4～8 小时一次，20～30min 静脉注射，根据病情调整给药间隔时间及剂量。甘油果糖：2～5 毫升/（千克·次），与甘露醇交替。必要时加用呋塞米：1～2 毫克/（千克·次）。对高通气、低 CO_2 和脑疝等紧急情况，可给予 3%NaCl：3～4 毫升/（千克·次）。

静脉注射免疫球蛋白，总量 2g/kg，分 2～5 天给予。

可酌情应用糖皮质激素治疗，抑制过度严重反应和脱髓鞘病变。参考剂量：甲基强的松龙 1～

2mg/（kg · d）；氢化可的松 3～5mg/（kg · d）；地塞米松 0.2～0.5mg/（kg · d），分 1～2 次。重症病例可给予短期大剂量冲击疗法：甲基强的松龙 15～30mg/（kg · d），三天后减量，重症及危重症及早使用，短期使用没有明显副作用。

其他对症治疗：物理降温或化学降温有条件者亚低温技术；镇静镇痛和抗惊厥治疗。

3）心肺衰竭：在原发病的基础上突然出现呼吸急促、面色苍白、发绀、出冷汗、心率快、呕吐咖啡样物、吐泡沫样痰、出现肺部啰音增多、血压明显异常、频繁的肌阵挛、惊厥和（或）意识障碍加重等以及高血糖、低氧血症、胸片异常明显加重或出现神经源性肺水肿表现。

保持呼吸道通畅，吸氧。

立即建立两条静脉通道，监测呼吸、心率、血压和血氧饱和度。

呼吸衰竭时及时气管插管使用正压机械通气，建议呼吸机初调参数：吸入氧浓度 80%～100%，PIP 20～30cmH_2O，PEEP 4～8cm H_2O，f 20～40 次/分，潮气量 6～8ml/kg 左右。以后根据血气随时调整呼吸机参数。

在维持血压稳定的情况下，尽量限制液体入量。

头肩抬高 15～30 度，保持中立位；插胃管、导尿，禁止压迫膀胱排尿。

药物应用：继续使用降颅压药物；根据血压、循环的变化可选用多巴胺、多巴酚丁胺、米力农等心血管活性药物药。继发肺脏等部位细菌感染时应用有效抗生素。

4）生命体征稳定期：经抢救后生命体征基本稳定，但仍有病人留有神经系统症状和体征。做好呼吸道管理，避免并发呼吸道感染；支持疗法和促进各脏器功能恢复的药物；有效抗生素防治肺部细菌感染；功能康复治疗

五、甲型 H1N1 流感

2009 年 3 月，墨西哥暴发“人感染猪流感”疫情，并迅速在全球范围内蔓延。世界卫生组织（WHO）初始将此型流感称为“人感染猪流感”，后将其更名为“甲型 H1N1 流感”。6 月 11 日，WHO 宣布将甲型 H1N1 流感大流行警告级别提升为 6 级，全球进入流感大流行阶段。此次流感为一种新型呼吸道传染病，其病原为新甲型 H1N1 流感病毒株，病毒基因中包含有猪流感、禽流感和人流感三种流感病毒的基因片段。中国卫生部 2009 年 4 月 30 日发布 2009 年第 8 号公告，明确将甲型 H1N1

流感纳入传染病防治法规定管理的乙类传染病。

（一）病原学

甲型 H1N1 流感病毒属于正黏病毒科（Orthomyxoviridae），甲型流感病毒属（Influenza virus A）。典型病毒颗粒呈球状，直径为 80～120nm，有囊膜。囊膜上有许多放射状排列的突起糖蛋白，分别是红细胞血凝素（HA）、神经氨酸酶（NA）和基质蛋白 M2。病毒颗粒内为核衣壳，呈螺旋状对称，直径为 10nm。为单股负链 RNA 病毒，基因组约为 13.6kb，由大小不等的 8 个独立片段组成。病毒对乙醇、碘伏、碘酊等常用消毒剂敏感；对热敏感，56℃条件下 30 分钟可灭活。

（二）流行病学

1. 传染源：甲型 H1N1 流感病人为主要传染源，无症状感染者也具有传染性。目前尚无动物传染人类的证据。

2. 传播途径：主要通过飞沫经呼吸道传播，也可通过口腔、鼻腔、眼睛等处黏膜直接或间接接触传播。接触患者的呼吸道分泌物、体液和被病毒污染的物品亦可能引起感染。通过气溶胶经呼吸道传播有待进一步确证。

3. 易感人群：人群普遍易感。

4. 较易成为重症病例的高危人群：下列人群出

现流感样症状后，较易发展为重症病例，应当给予高度重视，尽早进行甲型 H1N1 流感病毒核酸检测及其他必要检查。

（1）妊娠期妇女。

（2）伴有以下疾病或状况者：慢性呼吸系统疾病、心血管系统疾病（高血压除外）、肾病、肝病、血液系统疾病、神经系统及神经肌肉疾病、代谢及内分泌系统疾病、免疫功能抑制（包括应用免疫抑制剂或 HIV 感染等致免疫功能低下）、19 岁以下长期服用阿司匹林者。

（3）肥胖者（体重指数≥40 危险度高，体重指数在 30～39 可能是高危因素）。

（4）年龄<5 岁的儿童（年龄<2 岁更易发生严重并发症）。

（5）年龄≥65 岁的老年人。

（三）临床表现

潜伏期一般为 1～7 天，多为 1～3 天。

通常表现为流感样症状，包括发热、咽痛、流涕、鼻塞、咳嗽、咳痰、头痛、全身酸痛、乏力。部分病例出现呕吐和（或）腹泻。少数病例仅有轻微的上呼吸道症状，无发热。体征主要包括咽部充血和扁桃体肿大。可发生肺炎等并发症。少数病例病情进展迅速，出现呼吸衰竭、多脏器功能不全或衰竭。可诱发原有基础疾病的加重，呈现相应的临床表现。病情严重者可以导致死亡。

（四）实验室检查

1. 外周血象检查：白细胞总数一般不高或降低。

2. 血生化检查：部分病例出现低钾血症，少数病例肌酸激酶、天门冬氨酸氨基转移酶、丙氨酸氨基转移酶、乳酸脱氢酶升高。

3. 病原学检查

（1）病毒核酸检测：以 RT-PCR（最好采用 RT-PCR）法检测呼吸道标本（咽拭子、鼻拭子、鼻咽或气管抽取物、痰）中的甲型 H1N1 流感病毒核酸，结果可呈阳性。

（2）病毒分离：呼吸道标本中可分离出甲型 H1N1 流感病毒。

（3）血清抗体检查：动态检测双份血清甲型 H1N1 流感病毒特异性抗体水平呈 4 倍或 4 倍以上升高。

4. 胸部影像学检查：合并肺炎时肺内可见片状阴影。

（五）诊断

诊断主要结合流行病学史、临床表现和病原学检查，早发现、早诊断是防控与有效治疗的关键。

1. 疑似病例：符合下列情况之一即可诊断为疑似病例：

（1）发病前 7 天内与传染期甲型 H1N1 流感确诊病例有密切接触，并出现流感样临床表现。

密切接触是指在未采取有效防护的情况下，诊治、照看传染期甲型 H1N1 流感患者；与患者共同生活；接触过患者的呼吸道分泌物、体液等。

（2）发病前 7 天内曾到过甲型 H1N1 流感流行（出现病毒的持续人间传播和基于社区水平的流行和暴发）的地区，出现流感样临床表现。

（3）出现流感样临床表现，甲型流感病毒检测阳性，尚未进一步检测病毒亚型。

对上述 3 种情况，在条件允许的情况下，可安排甲型 H1N1 流感病原学检查。

2. 临床诊断病例：仅限于以下情况作出临床诊断：同一起甲型 H1N1 流感暴发疫情中，未经实验室确诊的流感样症状病例，在排除其他致流感样症状疾病时，可诊断为临床诊断病例。

甲型 H1N1 流感暴发是指一个地区或单位短时间出现异常增多的流感样病例，经实验室检测确认为甲型 H1N1 流感疫情。

在条件允许的情况下，临床诊断病例可安排病原学检查。

3. 确诊病例：出现流感样临床表现，同时有以下一种或几种实验室检测结果：

（1）甲型 H1N1 流感病毒核酸检测阳性（可采用 real-time RT-PCR 和 RT-PCR 方法）。

（2）分离到甲型 H1N1 流感病毒。

（3）双份血清甲型 H1N1 流感病毒的特异性抗体水平呈 4 倍或 4 倍以上升高。

4. 重症与危重病例

（1）出现以下情况之一者为重症病例：

1）持续高热>3 天。

2）剧烈咳嗽，咳脓痰、血痰，或胸痛。

3）呼吸频率快，呼吸困难，口唇紫绀。

4）神志改变：反应迟钝、嗜睡、躁动、惊厥等。

5）严重呕吐、腹泻，出现脱水表现。

6）影像学检查有肺炎征象。

7）肌酸激酶（CK）、肌酸激酶同工酶（CK-MB）等心肌酶水平迅速增高。

8）原有基础疾病明显加重。

（2）出现以下情况之一者为危重病例：

1）呼吸衰竭。

2）感染中毒性休克。

3）多脏器功能不全。

4）出现其他需进行监护治疗的严重临床情况。

（六）治疗

1. 一般治疗：休息，多饮水，密切观察病情变化；对高热病例可给予退热治疗。

2. 抗病毒治疗：研究显示，此种甲型 H1N1 流感病毒目前对神经氨酸酶抑制剂奥司他韦、扎那米韦敏感，对金刚烷胺和金刚乙胺耐药。

对于临床症状较轻且无合并症、病情趋于自限的甲型 H1N1 流感病例，无需积极应用神经氨酸酶抑制剂。

对于发病时即病情严重、发病后病情呈动态恶化的病例，感染甲型 H1N1 流感的高危人群应及时给予神经氨酸酶抑制剂进行抗病毒治疗。开始给药时间应尽可能在发病 48 小时以内（以 36 小时内为最佳）。对于较易成为重症病例的高危人群，一旦出现流感样症状，不一定等待病毒核酸检测结果，即可开始抗病毒治疗。孕妇在出现流感样症状之后，宜尽早给予神经氨酸酶抑制剂治疗。

奥司他韦：成人用量为 75mg b.i.d.，疗程为 5 天。对于危重或重症病例，奥司他韦剂量可酌情加至 150mg b.i.d.。对于病情迁延病例，可适当延长用药时间。1 岁及以上年龄的儿童患者应根据体重给药：体重不足 15kg 者，予 30mg b.i.d.；体重 15～23kg 者，予 45mg b.i.d.；体重 23～40kg 者，予 60mg b.i.d.；体重大于 40kg 者，予 75mg b.i.d.。对于吞咽胶囊有困难的儿童，可选用奥司他韦混悬液。

扎那米韦：用于成人及 7 岁以上儿童。成人用量为 10mg 吸入 b.i.d.，疗程为 5 天。7 岁及以上儿童用法同成人。

3. 其他治疗

（1）如出现低氧血症或呼吸衰竭，应及时给予相应的治疗措施，包括氧疗或机械通气等。

（2）合并休克时给予相应抗休克治疗。

（3）出现其他脏器功能损害时，给予相应支持治疗。

（4）合并细菌和（或）真菌感染时，给予相应抗菌和（或）抗真菌药物治疗。

（5）对于重症和危重病例，也可以考虑使用甲型 H1N1 流感近期康复者恢复期血浆或疫苗接种者免疫血浆进行治疗。对发病 1 周内的重症和危重病例，在保证医疗安全的前提下，宜早期使用。推荐用法：一般成人 100～200ml，儿童 50ml（或者根据血浆特异性抗体滴度调整用量），静脉输入。必要时可重复使用。使用过程中，注意过敏反应。

4. 中医辨证治疗。

s

【见习方法】

以理论讲授为主，使学生了解传染病学的发展变化，更好地认识到学习传染病学的重要性，激发学生主动学习兴趣，提高学生自学能力。